백제흠 변호사의

세법산책

박영사

책머리에

세법의 적용 영역은 '초광대역'이다. 미국 건국의 주역 벤자민 프랭클린도 "사람이 태어나서 죽음과 세금은 절대 피해갈 수 없다"고 했으니 인간사 삼라만상(森羅萬象)에 세법이 개입하지 않는 분야는 없는 듯하다. 소득이 생기면 소득세나 법인세를 내야 하고 소비를 하면 부가가치세 등을 납부해야 한다. 재산을 취득하면 취득세가, 재산 보유시에는 재산세가, 재산을 처분하면 양도소득세가 문제된다. 이런 대표 세금 외에도 교통에너지환경세, 레저세, 지역자원시설세와 같은 생소한 세금도 많고, 건강보험료 등과 같이 '세금 아닌 세금'도 있다. 국제거래에서는 외국 세금도 걱정해야 한다.

다종의 세금은 모두 세법에 근거하여 납세자의 경제활동에 대해 매겨지는데, 세법 규정은 그 자체로 복잡할 뿐만 아니라 수시로 개정되어 세금 이해의 난이도는 압도적이다. 외국 세금까지 관계되면 그야말로 설상가상이다. 세금을 제대로 알기 위해서는 세법만으로는 부족하다. 과세대상 거래의 성격도 알아야 한다. 파생상품의 법적 성격을 알지 못한 채 거기에 부과되는 세금이 적법한 것인지 안다는 것은 기대하기 어렵다. 유관법률에 대한 이해도 필수적이다. 세금이 생겨나 소멸되기까지는 세법 외에도 헌법, 행정법, 민사법, 상사법 등도 같이 적용되기 때문이다. 위대한 과학자 아인슈타인마저도 "세상에서 가장 이해하기 어려운 것이 바로 소득세다"라고 했으니 그 난해함은 역대급(歷代級)이다.

필자는 2017년 상반기 우연한 기회에 '아시아경제'로부터 세무이야기라는 주제로 칼럼 투고를 요청받았다. 전문적인 법률서면 작성에 익숙한 필자로서는 딱딱한 세법 주제에 관하여 독자들을 대상으로 알기 쉬운 글을 쓰는 작업은 버거운 일이었다. 매번 세무주제 선정과 그 정책대안에 대해 단편적으로 고민해 오다가, 어느 순간부터는 독자들의 세법 전반에 대한 이해도를 높이고 정책적 메시지를 전달하겠다는 조망적 관점에서 세법의 주요 영역별로 시사적인 주제를 골고루 선정하여 글을 쓰게 되었다. 아시아경제에서 장기간 집필의 기회를 주었기에 가능했던 일이었고, 실무가이지만 대학에서 다양한 세목에 대해 강의를 해 본 경험이 크게 도움이 되었다. 매달 주제가 선정되면 독자들의 이해 편의를 도모하기 위해 해당 주제에 대한 일반론과 외국 입법례와 연혁적 설명도 가급적 충실히 소개하고자 했다. 우공이산(愚公移山)의 심정으로 매월 한 편 정도의 칼럼을 꾸준히 작성하다 보니 2021년 하반기까지 4년 반 동안 57편의 칼럼을 게재하게 되었다.

이 책은 난해한 세법이 납세자의 다양한 생활영역에서 어떠한 기능과 역할을 수행하는지를 일반인들에게 알기 쉽게 소개하는 세법 입문서이기도 하다. 복잡한 세법을 심도 있게 공부하고자 하는 '전문가들의 마라톤용 교과서'가 아니라 실생활에서 세법이 적용되는 국면을 편안하게 일별할 수 있도록 하는 '일반인들의 산책용 수필서'인 셈이다. 필자는 이 책의 구성에서 세법의 영역을 크게 조세정책, 조세기본법, 소득세, 소비세, 상속세 및 증여세, 국제조세, 관세, 지방세, 기타 조세 9개로 구분하여 57편의 칼럼을 해당 분야에 나누어 배치시켰다. 기타 조세 분야에서는 조세는 아니지만 조세와 밀접하게 관련된 준조세 등의 영역까지 다루고자 했다. 상호 영역이 겹치는 주제의 칼럼은 보다 관련성이 높은 쪽에서 위치시켰다. 세법의 개별 영역별로 해당 분야의 주제를 일별하면 최신 세무이슈와 경향을 파악할 수 있을 것이다.

이 책을 간행하는 기회에 전반적으로 통일성을 기하기 위해 일부 칼럼은 아시아경제에 실린 세무이야기와는 그 제목을 달리하기도 하였고, 적절하지 않은 표현 등은 수정하였다. 다만, 칼럼 투고 이후 이 책의 발간시점 기간 동안에도 일부 칼럼 주제에 관한 세법의 규정이 개정된 경우도 있었지만, 칼럼 내용을 개정 세법에 따라 수정하지는 않았다. 해당 칼럼은 그 작성 시점의 구법 규정 하에서 의미가 있기 때문이다. 현재의 과세실무에 이 책의 내용을 그대로 적용하는 것은 재고가 필요하며 이러한 부득이 사정에 대해 독자들의 너른 양해를 구한다.

필자는 조세실무가이지만 조세법 학술활동에도 참여할 수 있는 기회가 주어져 2016년과 2021년 조세전문가들을 대상으로 조세법 실무와 학술경험의 결과물을 담은 세법의 논점 1, 2로 간행할 수 있었다. 이번에는 조세법에 관심이 있는 일반인들을 위한 서적으로 이 책을 세상에 내어 놓게 되었는데, 이는 조세전문변호사로서는 더없이 큰 행운이다. 강호제현(江湖諸賢)의 선후배와 동료의 가르침과 배려가 없었다면 불가능한 일이다. 이 책이 세법에 관심이 있는 일반인들에 대한 세법의 이해도를 제고하여 조세법률문화의 창달에 조금이라도 기여할 수 있다면 바랄 것이 없겠다.

끝으로 이 책의 출간에 적극 힘써 주신 박영사 관계자분들과 특히 수고스러운 편집작업에 최선을 다해 주신 장유나 과장님께 감사 말씀을 드린다.

광화문 사무실에서

2022. 8.

백 제 흠

목 차

01

조세정책
산책

01

출산장려와 조세

(2017.05.)

　출산율 저하가 심각하다. 지난해 우리나라 합계출산율 1.17명은 경제협력개발기구(OECD) 국가 평균 1.71명과 일본 1.32명에도 못미친다. 인구감소는 국가의 몰락으로도 이어질 수 있다는 점에서 매우 우려할 만한 상황이다. 출산장려정책은 재정지출정책과 제도지원정책으로 구분해 볼 수 있는데, 정부가 10여 년간 100조 원이 넘는 재정지출을 했음에도 불구하고 출산율은 별다른 변화가 없었다. 국제통화기금(IMF)도 지출 위주의 출산장려정책은 국가의 재정건전성에만 악영향을 주고 실제 출산증가로 이어지지 못한다고 지적하고 있다. 이제는 재정지출보다는 조세지원을 포함한 제도개선에 보다 주력할 필요가 있다.

　혼인과 출산장려에 역행하는 제도를 정비하는 것만으로도 비용 대비 큰 효과를 볼 수 있다. 출산장려에 반하는 대표적 제도로 민법의 상속제도를 들 수 있다. 민법상 상속재산에 대한 배우자의 법정지분은 1.5, 자녀의 지분은 1이므로 만일 한 자녀를 둔 배우자가 다른 자녀를 출산하면 그 배우자의 다른 배우자에 대한 60%(=1.5/2.5)의 상속지분이 42%(=1.5/3.5)로 감소하는 결과가 초래된다. 더욱이 유류분제도가 있어 자녀들의 상속지분

의 절반은 민법상 공고히 보장되고 있다. 배우자로 하여금 출산을 억제하
게 만드는 이해상충의 상황이 연출되는 것이다. 배우자의 상속분을 50%
로 확정해 놓고 나머지를 자녀들이 나눠 가지며 유류분이 인정되지 않는
미국의 상속제도와 비교된다. 자녀 양육에 따른 경제적 부담 완화를 위해
조세지원 패러다임을 바꿔 부부와 가족을 직접적인 타깃으로 삼아 지속적
이고 의미 있는 규모의 조세지원 혜택을 부여하는 조세제도의 개편이 절
실하다.

우리 소득세법은 개인을 납세단위로 삼고 있다. 그렇다 보니 결혼을 해
서 경제공동체를 새로 구성하더라도 납세의무에는 기본적인 변화가 없다.
미국과 유럽 국가들은 혼인을 하면 배우자를 납세단위에 포함시켜 조세부
담을 줄일 수 있는 선택권을 부여한다. 배우자 합산과세를 선택하는 경우
누진세율 구조하에서 합산된 배우자의 소득을 이분해 소득세를 계산해서
조세부담을 감소시킬 수 있는 '결혼 보너스'를 제도적으로 보장하고 있는
것이다. 프랑스는 더 나아가 자녀까지 납세단위에 포함시켜 전체 가구의
소득이 자녀를 포함한 가족 수에 따라 안분되는 가족단위 합산과세제도를
갖고 있다. 자녀 수가 늘어날수록 조세부담은 감소하므로 '자녀 보너스'인
셈이다. 덕분에 프랑스는 OECD 국가 평균보다 높은 1.98명의 출산율을
기록하고 있다.

우리나라는 그간 결혼한 납세자에 대해 오히려 조세부담을 가중시키는
부부자산소득에 대한 합산과세제도, 종합부동산세의 세대별 합산과세제도
를 시행했다가 헌법재판소에서 결혼에 대한 특별한 보호를 규정한 헌법
조항에 위반된다는 이유로 위헌 판정을 받았다.

차제에 출산장려를 위해서 소득세법의 큰 틀을 변경해 프랑스식의 가
족단위 합산과세제도의 도입을 적극 검토할 필요성이 있다. 가족단위 합
산과세제도는 세수 결손이 있다 하더라도 그 혜택이 출산장려 대상자들에
게 직접적으로 작용하므로 간접적인 재정지출에 비해 전체적으로 소요되

는 재정부담은 크지 않을 것이다. 법인세법이 결손 계열회사의 손실을 다른 계열회사의 소득과 통산할 수 있는 연결납세제도를 도입해 경제적 공동체관계가 있는 법인집단에게 세제상의 혜택을 부여하고 있는 점을 보더라도 가족단위 합산과세제도 도입을 주저할 이유가 없다. 출산장려의 문제는 헌법적 가치를 넘어서 국가적 흥망을 결정짓는 중요한 요소이다. 관계당국의 합리적인 세제개편을 기대한다.

02
일자리 창출과 조세

(2017. 06.)

　청년 실업 해소와 일자리 창출에 대한 논의가 분분하다. 통계청에 따르면 지난 4월 15~29세 청년실업률은 11.2%로 외환위기 이후 최고치를 경신했다. 경제협력개발기구(OECD)에 따르면 30~59세의 중·장년 실업률 대비 청년실업률은 한국이 3.54배로 가장 높다. OECD 국가의 평균은 2013년 이후 감소하고 있는데, 한국만 유독 세계적인 추세에 역행하고 있다고 한다.

　청년 실업 문제는 개인적 고통을 넘어 그동안 쌓아온 인적 자본의 상실로 이어져 국가 경제적으로도 큰 손실이다. 뿐만 아니라 청년들이 일터에서 지식과 기술을 습득할 기회를 얻지 못해 중·장년 실업으로 연결되고 결국 정부 지원이 필요한 계층으로 편입될 가능성이 높다는 점에서도 매우 심각하다.

　일자리 창출의 해법은 기업에 있으나 청년 실업 문제의 해결을 위해 정부도 팔을 걷고 나서야 한다. 청년 세대의 지원을 위해서는 거두어 들인 세금을 재원으로 사용하는 '재정지출 방법'과 세금을 걷기 전에 깎아주는 '조세지출 방법'이 있다. 주요 선진국들은 재정지출 방법보다는 일자리 창출과 연계가 용이한 조세지출 방법을 적극 활용하고 있다. 미국에서는 일찍이 카터 행정부가 1977년 당시 심각했던 실업문제를 해결하고자 근로자의 고용시 세액공제를 제공하는 New Jobs Tax Credit 제도를 한시적으로 시행했다. 오바마 행정부도 2011년 고용자에게 근로자 고용시 사회보장세를 면제해 주고 세액공제를 허용하는 Hiring Incentive to Restore Employment 제도를 운영했다.

우리 정부도 일자리 창출을 위해서 1982년 도입된 임시투자세액공제제도를 2010년에 폐지하고 2011년부터는 한시법으로 고용창출투자세액공제제도를 채택해 현재까지 운영하고 있다. 종전의 임시투자세액공제제도는 기업의 설비투자금액의 7% 또는 10%를 세금에서 공제해줘 기업에 실질적인 세제지원 효과를 발휘했다. 반면, 고용창출투자세액공제제도는 고용증가 인원 1인당 1,000만 원을 한도로 투자금액에 대해 일정 산식에 의해 임시투자세액공제제도와 같이 최대 7%의 세액공제를 허용하고 있다.

그런데 고용창출투자세액공제제도는 비록 신규고용과 연계돼 있지만 투자금액의 비율에 따라 세액공제를 허용해 주다 보니 임시투자세액공제제도에 비해 그 공제규모가 크지 않고 투자금액이 적은 서비스업종에서는 그나마도 별다른 혜택이 제공되지 못한다는 지적이 있다. 청년 일자리 창출이 화급한 현 시점에서는 무엇보다도 조세지출의 근간이 되는 고용창출투자세액공제제도를 우선적으로 대폭 개선할 필요가 있다. 이를 위해 패러다임의 전환 및 선택과 집중을 통해 제도의 실효성을 확보하는 것이 무엇보다 중요하다.

먼저 세액공제 규모의 대대적인 확대가 요청된다. 예컨대, 신규 근로자의 급여에 대해 입사 첫 해에는 20%의 공제율을 적용하고, 그 이후 5년 내지 10년 동안은 단계적으로 공제율을 축소하는 세액공제를 허용한다면 고용 여력이 있는 기업들에게 당장 실질적 혜택이 부여될 것이다. 청년 근로자에 대해서만이라도 그러한 조치가 필요하다. 다음으로 일자리의 창출을 위해서는 청년 고용효과가 더욱 기대되는 서비스업종에 대한 지원을 확대해야 한다. 투자금액 외에 고용금액이나 고용인원 기준을 선택할 수 있도록 해 서비스업종에 의미 있는 인센티브가 주어지도록 해야 할 것이다.

청년 일자리는 기업의 성장과 발전에 의해 궁극적으로 창출된다. 청년 실업해소를 위한 조세지출이나 세제지원은 제한적일 수밖에 없다. 신규로 고용된 청년들로 인해 기업의 활력이 도모되고 기업의 성장이 동반되어야 세제지원도 의미가 있을 것이다. 한시적이기는 하겠지만 고용에 보다 중점을 둔 새로운 조세지출제도가 도입돼 청년 일자리 창출의 마중물 역할을 수행할 수 있기를 기대한다.

03
고령사회와 효도세제

(2018. 07.)

우리나라는 올해 전체인구 대비 65세 이상의 노인인구가 14%를 넘어서는 고령사회에 진입했다. 2000년 노인인구 7%의 고령화사회를 맞이한 지 18년만에 고령사회에 접어든 것이다. 이런 추세라면 노인인구가 20%를 넘는 초고령사회도 2026년으로 멀지 않았다. 우리나라가 고령사회에서 초고령사회로 이행하는 속도는 프랑스 40년, 독일 37년, 미국 21년, 일본 12년과 비교해 보아도 가히 전광석화이다. 그러나 초고령사회를 목전에 둔 우리나라의 인프라와 사회안전망은 턱없이 부족한 상황이다. 2017년 기준 우리나라 노인 빈곤율은 45.6%로 경제협력개발기구(OECD) 회원국 중 가장 높으며, OECD 회원국 평균치 12%의 약 4배에 가깝다.

효는 고대로부터 우리 민족정서의 근간을 이루는 기본적 도덕이었다. 그러나 현대산업사회의 와중에서 전통적 효의 사상은 어느덧 옛말이 되었고 부모를 돌보지 않는 자식이 늘면서 노인빈곤의 한 원인이 되었다. 부모에 대한 부양의무가 '가족의 책임'이라는 인식은 1998년 89.9%에서 2012년 33.2%로 삼분의 일 토막이 난 반면, '사회의 책임'이라는 이해는 1998년 2%에서 2012년 52.9%로 25배 껑충 뛴 여론조사가 이를 여실히 보여준다.

이러한 현실을 반영하는 것이 최근 늘어나는 '효도계약서' 체결이다. 부모가 생전에 자식에게 재산을 증여하면서 부모를 성실히 부양하겠다는 의무를 계약서에 기재하는 것이다. 부양의무를 위반하면 자식은 증여받은 재산을 반환해야 한다는 단서가 부기됨은 물론이다. 효도계약서에서 한발 더 나아가, 법률로써 불효자를 막자는 이른바 '불효자 방지법'도 국회에서 발의되고 있다. '울지 않는' 불효자를 억지로라도 울게 하려는 다양한 방안이 제시되고 있는 것이다. '효'에 관한 해프닝은 국내에 국한된 것이 아니다. 지난 1월 대만 대법원은 한 치과의사가 본인에게 교육비를 대 준 어머니에 대한 노후 부양계약을 이행하지 않았다는 이유로 10억여 원을 지급하라는 하급심 판결을 확정했다. 2015년에는 중국 광저우시 한 미용업체가 달마다 직원들의 월급에서 일정액을 떼어 부모에게 자동 송금하도록 하여 '효도세'를 걷는 것이냐는 파장이 일기도 했다.

적어도 많은 나라에서 부모와 자식 간의 관계를 도덕의 영역에서 법의 영역으로 가져오는 문제에 대해 고민하고 있는 점은 분명해 보인다. 미국은 다수의 주가 성인 자녀의 부모에 대한 부양의무를 정하고 있다. 유럽 국가들은 다소 상이한데, 스웨덴 등 북유럽 국가들과 영국은 부모에 대한 부양의무를 국가의 책임으로 보는 반면, 대륙법계 국가인 독일과 프랑스는 자녀의 부모에 대한 부양의무를 민법에서 명시하고 있다. 아시아 국가들은 대부분 효 문화의 연장선상에서 성인 자녀의 노부모에 대한 부양의무를 인정한다. 심지어 싱가포르와 인도는 부모에 대한 부양의무를 이행하지 않는 경우 형사처벌까지 한다. 우리나라는 민법이 직계혈족 및 그 배우자간에는 서로 부양할 의무가 있다고 규정하여 자녀의 부모에 대한 부양의무의 법적 근거를 이룬다. 다만, 그 부양의무는 2차적인 생활부조 의무에 불과하여 한계가 있다는 지적도 있다.

초고령사회를 대비하여 우리나라 법제를 어떻게 손질할 것인지에 대한 의견은 가히 백화제방이다. 예컨대, 효도계약을 체결하지 않더라도 자녀가 부모의 생전에 재산을 증여받은 뒤 부양의무를 이행하지 않을 경우 부모의 반환청구권을 인정하자는 견해, 민법상 자녀의 부모에 대한 부양의무를 부모의 자녀에 대한 양육의무와 같은 1차적인 의무로 격상시켜야 한다는 견해, 자녀가 부모에 대한 부양의무를 불이행할 때에는 형사처벌을 받도록 하여야 한다는 견해 등이 제시된다. 이러한 주장들은 대부분 '당근'보다는 '채찍'에 비중을 두고 있다. 그러나, 효도라는 도덕가치 제고를 위해 자녀에게 처벌을 한다거나, 재산상 불이익을 주는 것이 타당한지는 의문이다. 그 대신, 자녀가 부모에게 효도를 하는 경우 세제상 지원을 확대하는 등의 경제적 유인을 제공하는 방안을 고려해 봄직하다. 현행 노부모를 모시고 살던 자녀가 부모 소유의 주택을 상속받으면 그 상속공제 한도를 상향하여 주는 제도나, 부모 동거봉양으로 인한 일시적 2주택자에 대한 양도소득세 비과세를 확대하는 제도 외에 추가적 세제혜택을 검토할 필요가 있다. 작년 말 국회 문턱을 넘지는 못하였지만, 부모를 요양시설이 아닌 자택에서 봉양하는 경우 의료비 세액공제 폭을 확대하고자 하였던 세법 개정안도 좋은 참고가 될 수 있다.

우리 사회가 안고 있는 고령화 문제는 상당히 심각한 수준에 와 있고, 그로 파생되는 난제는 국가의 앞날까지 위협하고 있는 실정이다. 이를 해결하기 위한 지나친 공적부조의 확대는 복지지출과 관련된 국가재정의 부담으로 귀결될 여지가 있다. 부양의무를 이행한 자녀에 대해 소득공제 및 세액공제 등 다양한 세제상 혜택을 부여한다면 부양의무의 이행을 권장하는 효과적인 수단이 될 것이다. 일견 국가세수의 결손이 생길 수 있지만, 그에 상응하여 국가의 지출부담도 감소될 수 있다. 가족단위의 상호부조가 국가차원의 공적부조보다 당사자의 만족도가 현저히 높은 것은 물론이다. 조선시대 효자들에게 충효문을 세워 주었듯, 이제는 세제상의 혜택을 통해 우리 안에 잠자고 있는 '효(孝)의 본능'을 깨울 수 있는 방안을 모색하여야 할 시점이다.

04
스포츠와 조세
(2018. 11.)

　어느덧 무술년(戊戌年) 한 해도 종점으로 치닫고 있다. 88 서울올림픽 30주년이 되는 올해는 가히 '스포츠의 해'라고 할 만큼 기념비적인 스포츠 행사들로 풍성했다. 그중에서도 '팀 킴'이 컬링 신드롬을 일으킨 2018 평창동계올림픽이 으뜸이다. 평창동계올림픽의 '드론 쇼'로 대표되는 개막식은 우리나라의 선진 IT 수준을 전 세계에 알린 일등공신이라고 해도 손색이 없었다. 그간 서울·부산·인천에서 열렸던 아시안게임도 이번 여름 인도네시아 자카르타·팔렘방에서 개최돼 적도의 스포츠 열기를 한껏 전해줬다. 개별 종목의 국제대회로는 초여름 한 달 동안 대한민국 국민의 밤잠을 설치게 한 러시아월드컵을 빼놓을 수 없다. 가을에는 세계육상선수권대회에 비견되는 세계사격선수권대회가 창원 도심에서 시민들의 호응 속에 성공적으로 치러졌고, 인천 송도에서 개최된 미국 여자프로골프(LPGA) 국가 대항전인 UL 인터내셔널 크라운에서는 한국 여자골프팀이 처음으로 우승컵을 들어올리는 쾌거를 이뤘다. 실로 '무술년(武術年)'다운 한 해였다.

　우리나라는 전 세계에서 프랑스, 이탈리아, 독일, 일본, 러시아에 이어

6번째로 하계와 동계 올림픽, 월드컵 및 세계육상선수권대회의 4대 메가
스포츠 대회를 모두 개최한 '스포츠 강국'이다. 국제 스포츠 행사의 개최
는 우리나라의 국격과 브랜드 가치를 상승시키는 절호의 기회가 된다. 고
용 유발 및 일자리 창출에도 직·간접적으로 기여하게 되는데, 평창동계
올림픽은 약 600억 원의 흑자를 기록했다는 후문이다. 이뿐만 아니라 스
포츠 행사를 통해 국가간의 교류도 활성화되고 그 유치 지역은 새로운 도
약의 전기를 마련할 수 있다. 비근한 예로 영국의 셰필드 지역은 경기 침
체로 도시가 쇠퇴하다 1991년 세계학생경기대회의 성공적 유치와 더불어
영국의 국가스포츠도시로 지정된 이후 도시의 새 역사를 써 내려가고 있
다.

　기실 하나의 국제 스포츠 대회를 둘러싼 이해관계자는 헤아릴 수 없이
많다. 관객, 조직위원회, 참가 선수, 방송사 등 수많은 다국적 당사자가
관여한다. 성공적인 스포츠 대회 개최를 위해서는 전 세계의 다양한 경제
주체를 끌어들일 인센티브가 필요하다. 그중 가장 큰 역할을 할 수 있는
것이 바로 '세금'이다. 국제 스포츠 대회를 유치하는 경우 각종 조세 문제
가 발생하는데, 이에 대한 대책 없이 국제 스포츠 행사를 개최한다는 것
은 어불성설이다.

　우리나라의 조세특례제한법, 국제경기대회지원법도 국제 스포츠 대회
유치를 위한 다양한 세제상 혜택을 마련하고 있다. 평창동계올림픽의 예
를 들면 국제올림픽위원회(IOC), 각국 올림픽위원회, 방송 제작사 및 후
원 기업들은 평창동계올림픽에서 발생한 수입에 대해 법인세 부과를 면제
받았다. 경기에 출전한 선수나 코치진 등이 대회 참가나 운영과 관련해
얻은 수입에 대해서는 소득세가, 경기에 사용되기 위한 물품으로 국내 제
작이 곤란한 재화 등에 대해서는 부가가치세가 각각 면제됐다. 인지세 면
제 및 관세 경감의 혜택이 주어진 것은 물론이다. 다만 국제경기대회지원
법은 각종 특례를 적용받는 국제대회를 올림픽, 월드컵, 아시안게임 등으

로 한정하고 있다. UL 인터내셔널 크라운과 같은 국제대회도 그에 버금가는 효과를 가져올 수 있다는 점에서 세제상 혜택을 부여하는 것을 고려해 봄직하다. 하버드 대학교의 조지프 나이 교수가 강조한 문화, 예술, 스포츠 등 '소프트 파워'를 키우는 차원에서도 그러하다.

한편 스포츠 대회와 스포츠 선수들은 떼려야 뗄 수 없는, 그야말로 '바늘과 실'의 관계다. 스포츠 대회를 성공적으로 개최해 우리나라의 소프트 파워를 세계에 알리기 위해서는 김연아, 박세리, 박인비, 박지성, 박찬호, 손흥민, 이승엽, 최경주 같은 유수의 스포츠 스타들이 우리나라를 대표해 활약해줘야 한다. 국제무대에서 활동하는 스포츠 스타의 입장에서는 특정 국가의 국적을 보유하지 않아도 되므로 세금의 영향은 크다. 통상 '거주자'는 전 세계 소득에 대해 납세의무를 지고 '비거주자'는 소득이 생긴 국가에 세금을 내면 된다. 어느 국가의 거주자인지에 따라 세금 부담이 달라지고 국가마다 거주자 판단 기준에 차이가 있어 거주지국, 나아가 국적의 선택은 특히 국제적 활동이 빈번한 스포츠 스타들에겐 심각한 현실 문제다.

2003년부터 8년간 일본 프로야구 무대에서 맹활약한 이승엽 선수는 국내 복귀 이후 일본에서 번 소득에 대해 우리나라에 납부한 소득세의 감액 경정청구를 했으나 받아들여지지 않은 예가 있다. 이승엽 선수가 연간 300일 가까운 기간을 일본에 체류했음에도 우리나라에 부동산을 보유하고 있었다는 등의 이유로 거주자로 인정돼서다. 우리나라는 체류일 수에 따라 판단하는 '거소 기준'과 국적, 가족이나 재산 등 제반 생활 관계에 따라 판단하는 '주소 기준'을 적용해 거주자 여부를 판단한다. 주소 기준은 불분명한 경우가 많아 스포츠 스타가 일 년 중 대부분을 해외에서 체류하더라도 여전히 우리나라의 '거주자'로 인정될 수 있다. 우수한 외국 인력을 국내로 유치하기 위해 세제상의 혜택을 부여하는 마당에 우리의 세제가 되려 스포츠 인재들을 유출하는 이유가 된다면 매우 곤란하다. '요람에서 무덤까지' 따라가는 조세제도도 훌륭한 인재로서 국위를 선양할 수 있는 스포츠 스타들이 우리 국적을 가지고 전 세계에서 활약할 수 있도록 뒷받침해야 한다. 불법적인 조세회피를 방지하는 것은 필요하지만, 모호한 규정을 통해 해외에서 활동하는 우리나라 선수들에게 불필요한 조세순응비용을 치르게 하는 것은 과유불급이다. 다양한 국제 스포츠 대회 유치와 우리나라 국적을 가진 스포츠 선수들의 해외에서의 활약은 우리나라의 소프트 파워를 견인하는 쌍두마차다. 스포츠 강국의 위상에 걸맞게 합리적인 조세제도가 이 쌍두마차를 잘 이끌어나가는 든든한 키다리 아저씨의 역할을 해주기를 기대해 본다.

05

신탁과 세제정비

(2019. 01.)

　2016년 농림축산식품부 발표에 따르면 5가구 중 1가구가 반려동물과 생활하고 있다고 한다. 반려동물을 가족으로 여기는 '펫팸족(Pet+Family)' 100만 명, 반려동물 1,000만 마리 시대가 도래한 것이다. 2016년 기준 반려동물시장 규모는 2조 원대를 넘어섰고, 2020년에는 6조 원대로 전망된다. 1,700억 원을 상속받아 가장 부유한 동물로 등극한 독일 셰퍼드 군터 4세 스토리도 이제는 낯설지 않은 얘기다. 일찍이 일본에서는 반려동물을 위한 각양각색의 상품이 등장했는데, 그중 주인사망 등으로 홀로 남겨지는 반려동물을 위한 케어서비스가 있다. 반려동물을 위해 일정 금액을 예탁하면 돌봄업체가 주인 없는 상황에서 사전에 지정된 방식으로 반려동물을 보살펴 주는 상품이다.

　펫상속과 펫케어의 이면에는 신탁제도가 있다. 재산소유자가 제3자의 이익을 위해 자기재산을 관리자에게 이전해 관리·사용하도록 하는 제도가 '신탁'이다. 법률용어로 설명하자면 반려동물 주인이 '위탁자', 돌봄업체가 '수탁자', 반려동물이 '수익자'가 된다. 다소 복잡한 제도이지만 신탁의 역사는 유구하다. 중동 이슬람지역의 '와크프(waqf)'에서 기원을 찾는 견해도 있으나, 학계에서는 중세 영국에서 탄생한 '유스(use)'를 신탁의 시발점으로 보고 있다. 유스란 '~를 위하여'라는 의미의 라틴어인 'od opus'의 파생어로, 형식적으로는 위탁자가 재산을 수탁자에게 양도하지만 수탁자는 위탁자가 지정하는 목적에 따라 재산을 관리·처분할 의무를 부담하는 계약을 말한다. 중세 영국에서 유스가 유행한 이유는 12세기 십자군 전쟁으로 성인 남성이 장기간 참전하게 됨에 따라 그 기간 동안 재산을 신뢰할 수 있는 누군가에게 안전하게 맡겨 두어야 할 필요가 있었기 때문이다. 우리나라에서도 17세기에 신탁과 유사한 '투탁(投託)'이라는 제도가 있었다. 투탁은 소유자가 자신의 토지를 안전하게 보호하기 위해 궁방(宮房)에 이전하고 약간의 궁세(宮稅)를 부담하면서 그 토지를 계속 사용·수익하는 것이었다.

오늘날에는 다양한 신탁제도가 마련돼 있는데, 그중 활용도 높은 신탁의 하나가 '부동산신탁'이다. 토지개발을 위해 토지소유자가 개발업체에 토지를 신탁하고 개발업체는 자금의 조달, 건축물의 건설·임대·분양 등을 행하는 '토지신탁', 토지 소유자가 자금을 융통할 목적으로 토지를 증권사 등에 이전하는 '담보신탁' 등이 대표적이다. 또한 신탁제도는 그 신탁재산이 수탁자의 고유재산과 엄격하게 구분된다는 '도산절연'의 특성 때문에 집합투자기구를 통해 자산유동화를 하는 데에도 긴요한 수단이 된다. 대규모 자금의 차입·조달 수요가 있을 때 다수의 은행이 대주로 참여하는 신디케이티드론에서는 '담보권의 신탁'이 이용되고 있다. 작금에는 재산관리의 전통적 기능을 넘어 자본시장의 중요한 법적 도구로도 활용되고 있는 것이다. 그에 발맞추어 영국은 2000년 수탁자법을, 미국은 2000년 통일신탁법을 제정했고, 일본은 2006년 신탁법을 대폭 개정했다. 범세계적으로 통일적 신탁법 적용을 위해 마련된 1985년 헤이그국제사법회의의 '신탁의 준거법과 승인에 관한 협약'이나 1999년 유럽연합(EU)의 신탁법리 통일을 위한 '유럽신탁법원리' 발의도 같은 맥락이다. 우리나라의 신

탁법도 1961년 제정된 후 2011년 전면 개정돼 세계적인 추세와 보폭을
맞추고 있다.

　최근 신탁제도는 금융권에서의 활용을 넘어 재산승계 또는 성년후견제
도의 보완책으로도 각광받고 있다. 유언장 작성보다 절차가 간단하고, 본
인뿐만 아니라 상속인의 사망 이후까지도 대비할 수 있는 '유언대용신탁'
이나 '수익자연속신탁'이 주목받고 있다. 이들 제도를 통해 "재산을 배우
자에게 넘겼다가, 배우자가 사망할 경우에는 자녀, 자녀 사망시에는 손자
에게 넘겨라"는 식으로 여러 세대에 걸친 재산분배가 가능하다. 일본에서
는 2007년 이후 10만 건 이상의 유언대용신탁 계약이 체결됐다고 한다.
한편 2013년 도입된 성년후견제도에 대한 보완책으로 신탁제도를 적극적
으로 활용하자는 견해도 있다. 피후견인의 재산을 믿을 만한 개인이나 법
인에 신탁해 관리하도록 함으로써 이해관계인에 의한 재산의 침해 가능성
을 사전에 차단하기 위함이다.

　기실 세금은 삼라만상과 연관되어 있어 신탁도 과세제도와 떼려야 뗄
수 없는 관계이다. 과세되는 경우 그 규모도 중요재산 관리에 신탁이 이
용되는 점에 비추어 거액일 수밖에 없다. 그럼에도 신탁세제는 단출하다.
소수의 규정이 소득세법 등 개별세법에 산재해 있고 대부분은 실질과세원
칙의 해석론에 의지하고 있다. 신탁의 독특한 구조와 성격으로 세법의 영
역에서는 신탁을 독립적 과세단위로 취급해야 하는지에 대한 '신탁도관설'
과 '신탁실체설'이 대립하고 있는데, 이는 해석론의 불확실성을 단적으로
보여주는 사례이다. 그 결과 사안에 따라 수익자나 위탁자가 납세의무자
가 되기도 하고, 수탁자가 과세단위로 취급되기도 한다. 한편 대법원은
최근 신탁재산의 처분에 따른 부가가치세 납세의무자를 수탁자라고 판결
해 그 분야에서 명확한 해석론을 제시하기도 했다.

　오늘날 신탁이 수행하는 기능의 중요성을 감안해 신탁이라는 사법관계
에 대해 세법이 보다 명확한 이정표를 제시해야 한다는 견해가 설득력을

얻고 있다. 미국은 신탁구조에 따라 단순신탁, 복잡신탁, 위탁자신탁으로, 일본은 수익자과세신탁, 집합투자신탁, 법인과세신탁으로 각 분류해 과세단위에 대한 분명한 규정을 두고 있다. 신탁제도가 유용하지만 세무상 리스크 때문에 내국인들과 해외 투자자들로부터 외면받을 개연성을 배제하기 어렵다. 신탁거래의 예측가능성과 법적 안정성을 보장하기 위해서는 미국, 일본과 같이 신탁세제의 구체적 규정을 마련하는 것이 절실하다. 공들여 마련한 신탁제도의 이용을 활성화하고, 해외투자자본을 유치해 우리나라가 동북아시아 금융허브로 자리매김할 수 있도록 진지하게 신탁세제의 정비를 고민해야 할 '골든타임'이다.

06

문화한류의 춘풍화기(春風和氣)

(2020. 03.)

　신종 코로나바이러스감염증(코로나19)의 전 세계 확산으로 지구촌 분위기가 싸늘하다. 인간(人間) 세상에 봄은 왔건만 서로의 온기를 느낄 수 없는 '사회적 거리두기' 체험이 일상화되고 있으니 춘래불사춘(春來不似春)이다. 그 와중에 들려오는 문화한류의 열풍은 코로나19의 냉기를 잠시라도 잊게 해 준다. 코로나19가 국내로 침투하기 시작한 2월 초순 봉준호 감독의 '기생충'이 세계 최고의 아카데미 영화제 시상식에서 한국 영화 역사 최초로 작품상, 각본상, 국제영화상, 감독상이라는 4관왕을 달성했다. 작품상은 비영어권 언어로 제작된 영화를 통틀어 최초이고, 각본상 역시 아시아계 작가로는 처음이라 하니 가히 전대미문의 위업이다. 확진자가 폭증하던 2월 하순에는 방탄소년단(BTS)의 4집 앨범이 발매 직후 곧바로 세계 5대 음악시장을 제패했다. 미국 빌보드 200은 물론이고 영국 오피셜 차트, 일본 오리콘 차트뿐만 아니라 프랑스·독일에서도 각각 1위를 석권했다. 코리아포비아로 위축된 우리 국민의 자긍심을 고양시켜 주는 반가운 소식이 아닐 수 없다.

　우리 민족의 문화예술적 소양은 유구하다. 중국 역사서인 삼국지의 위

지동이전(魏志東夷傳)에서는 고구려의 풍속에 대해 백성들이 가무를 즐긴다고 서술하고 있고, 경주 안압지에서 출토된 신라시대 유물인 주령구(酒令具)에는 '금성작무(禁聲作舞, 노래나 반주 없이 춤추기)' '임의청가(任意請歌, 마음대로 노래 청하기)'라는 내용이 있다. 노래와 춤을 즐기는 여흥의 문화는 고대로부터 전래된 우리 민족의 DNA라고 해도 과언이 아닐 듯 싶다.

　이러한 문화한류의 영역에서도 떼어 놓을 수 없는 것이 세금이다. 연예인의 전형적 공연소득은 노래, 연기, 춤 등 개인의 인적 활동으로 가득되므로 국내 세법상 인적용역소득으로 구분되고, 만일 계속적·반복적 형태라면 사업소득이 된다. 이 소득은 종합소득에 합산하고 외국납부세액이 있다면 이를 반영해 우리나라가 과세하면 되므로 간명하다. 외국 연예인이 국내에서 공연소득을 얻는 경우에는 인적용역소득으로 보아 지급자가 해당 세금을 원천징수하면 된다. 그러나 연예인이 연예기획사 소속 직원으로서 해외에서 공연활동을 수행하거나 그 공연활동이 영상물로 제작되어 해외시장에서 다양한 형태로 판매된다면 상대적으로 복잡한 과세문제가 수반된다.

　그간 연예인들의 해외공연 소득에 대해서는 특정 국가의 연예인이 단기간에 다른 국가들을 순회하며 수입을 얻는다는 특성으로 어느 국가에 과세권을 부여할 것인지가 문제되었다. 경제협력개발기구(OECD) 모델조세조약 제17조는 원칙적으로 연예·공연 활동이 이루어지는 국가에서 과세권을 행사하도록 규정하고 있다. 우리나라도 조세조약을 체결하면서 대부분 위 모델조세조약에 따라 각국과의 과세권을 배분하고 있다. 즉, BTS가 영국 윔블던에서 공연을 한다면 원칙적으로 그 공연소득에 대해서는 영국의 과세권이 미치는 것이다. 관련하여 흥미로운 이슈가 이른바 '연예법인(star company)'의 과세 문제이다. 마이클 잭슨은 1996년 말 본인이 속한 '히스토릭 투어스'라는 법인의 명의로 서울 콘서트를 개최했다. 그런데 한·미 조세조약은 미국법인이 제공하는 인적용역은 국내에 고정사업장이 없으면 과세할 수 없도록 규정하면서, 연예법인에 대한 별도 예외를 두고 있지 않다. 히스토릭 투어스는 미국법인으로 우리나라에는 지점을 두고 있지 않았기 때문에, 결국 마이클 잭슨이 얻은 소득 16억 원에 대해서는 우리나라가 과세권을 행사할 수 없었다. 이와 같은 연예법인을 통한 조세회피를 막기 위해 OECD 모델조세조약은 활동지국에서 과세가 가능하다는 특칙을 두고 있으나, 여전히 미국이 세계 각국과 체결한 조세조약에는 연예법인 조항이 도입되어 있지 않다. 오늘날에도 다수의 연예법인들이 미국에 본점을 두고 설립되는 이유이다.

최근에는 인적 용역을 공급하는 '장소'가 어디인지를 판정하기 어려운 경우가 자주 발생한다. BTS가 런던 윔블던에서 직접 공연을 한다면 그 용역이 수행된 장소는 영국임에 이론이 없을 것이다. 그러나 BTS가 서울에서 공연을 하는 것을 방송의 형태로 영국에 송출한다면 판단이 쉽지 않다. 마찬가지로 빈 필하모닉 오케스트라가 예술의 전당에서 내한공연을 한다면 그 수행지는 우리나라일 것이나, 미국 뉴욕 카네기홀에서 협연을 하면서 실황중계를 통하여 우리나라 영화관에서 이를 상영하는 경우는 더욱 문제가 복잡해질 것이다. 실제 사례로, 미국인이 멕시코에 방송국을 세워 국경 인근의 미국 주민과 미국 여행자를 대상으로 방송을 한 사안에서, 오랜 논쟁 끝에 미국 연방항소법원은 용역의 수행지를 멕시코로 본 바 있다.

영상물이 거래되는 영화산업에서도 여러 조세 이슈가 제기된다. 대표적으로 영화 수입시의 로열티 관세 이슈가 있다. 필름 형태로 반입되는 영상물은 필름 길이에 따라 부과되는 종량세의 관세에 더하여, 추후 수입금액에 따라 지급하는 영화저작권의 사용대가가 권리사용료로서 관세과세가격을 구성한다. 반면, 유체물의 형태를 띠지 않은 영화 저작권에는 관세가 붙지 않는다. 그러나 최근에는 과거와 같이 필름 형태로 영화가 반입되는 경우는 드물고, 소프트웨어를 전자적 방법으로 전달하는 '온라인

형 거래'가 주종을 이루어 과세 공백의 발생 여지가 있다. 아직까지는 1998년 세계무역기구(WTO) 각료선언에 의해 온라인형 거래에 대한 관세 부과는 동결되어 있으나 디지털과세 논의 등 전 세계적 흐름에 비추어 변경될 가능성도 상당하다. 국내영화 배급사가 부담하는 광고선전비는 관세법상 수입물품의 과세가격에 포함되는 간접적인 지급액에 해당하지 아니한다는 대법원 판례도 있었다.

　전 세계의 주목을 받은 기념비적 결과물은 어려운 여건 속에서도 묵묵히 정진해 온 문화예술인들의 노력이 있었기에 가능한 일이었다. 국제적 문화예술 교류의 증진을 위해 국내 세제를 글로벌 스탠더드에 부합하도록 정비하면서 문화·예술산업에 대한 지원책도 궁구해야 한다. 특히 이번 코로나19 사태로 많은 문화·예술단체가 직격탄을 맞고 있어 그 세제지원의 필요성은 절박하다. 기업의 복리후생비 손금산입 범위에 문화예술활동비를 추가해야 한다는 주장, 근로자의 복지증진을 위한 시설에 문화예술시설을 포함해야 한다는 주장, 문화예술을 활용한 교육훈련비를 세액공제 대상에 포함시켜야 한다는 주장 등이 주목된다. 뿐만 아니라 전문예술법인·단체의 고유목적사업준비금의 손금산입특례를 적용하거나, 문화예술기업의 취득세 중과세 배제 및 지식기반산업에의 포함 등도 경청할 필요가 있다. 개인이나 법인의 문화예술단체 기부금에 대한 세액공제 혜택을 확대하는 방안도 고려해 볼 수 있다. 문화예술 분야에 대한 세제지원과 세제정비는 문화한류를 이끄는 쌍두마차가 되어 4차 산업혁명 시대의 미래 먹거리를 가져다 줄 것이다. 문화한류의 춘풍화기(春風和氣)로 코로나19의 냉기 극복과 한류 DNA의 성공적 해외이식을 기대해 본다.

코로나19 사태와 절장보단(絶長補短)의 세정

(2020. 04.)

　팬데믹이 선언된 신종 코로나바이러스감염증(코로나19) 사태가 장기화 국면이다. 전 세계 확진자 수가 150만 명을 넘어섰고 사망자도 10만 명에 육박하고 있다. 터널의 끝이 보이지 않는 불확실성의 형국이다. 1분기 미국 다우존스 지수는 24% 넘게 떨어졌고, 국내 코스피 지수도 20%나 폭락했다. 경제분석기관들이 내놓은 올해 한국 경제성장률 전망치도 -1%에 달하는 것으로 집계됐다. 특히 민간소비가 급격히 위축되면서 중소상공인·자영업자가 직격탄을 맞고 있다. 고통 분담 차원에서 임대료를 감면해 주는 '착한 임대인'이 등장하기도 했다. 코로나19 사태 극복을 위해 11조 7,000억 원 규모의 추가경정예산안이 국회를 통과했고 정부에서는 소득 하위 70% 이하 가구에 대해 4인 가족 기준으로 100만 원씩 9조 1,000억 원 규모의 긴급재난지원금까지 지급한다고 발표했다. 세정 분야에서도 특별 조치가 행해졌다. 국회 본회의를 통과한 조세특례제한법 개정안은 상가 임대료를 인하한 임대사업자에 대한 세액공제 신설, 특별재난지역 중소기업 법인세 감면 등의 내용을 담고 있다. 또한 대구 등 지방자치단체에서도 코로나19 전담 병원 등에 대한 재산세 감면 등을 추진하고 있다.

형평성과 효율성 문제를 떠나 정치와 경제, 중앙과 지방의 모든 영역에서 가히 전면적 노력이 경주되고 있다.

코로나19 사태에 대해서는 특별 조세대책도 긴요하지만 기존 세법의 얼개와 장치에 대한 검토와 소폭 조정으로도 상당한 효과를 볼 수 있다. 우선 우리 세법은 태풍, 홍수, 지진, 산불 등의 천재지변이 발생할 경우를 대비해 다양한 조세지원제도를 두고 있는데, 코로나19 사태가 세법상 천재지변에 해당하는지의 문제가 있다. 예컨대 사업자가 재해로 자산총액의 20% 이상을 상실해 납세가 곤란하다고 인정되는 경우 재해상실비율을 반영한 금액을 세금에서 차감하는 재해손실세액공제제도가 대표적이다. 상속이 개시된 이후 재해로 상속재산이 멸실·훼손되는 등의 경우에 상속재산에서 그 손실가액을 공제하는 재해손실물적공제제도도 있다. 이 밖에도 천재지변 등으로 인한 신고, 납부 등의 기한연장과 징수유예제도 및 가산세 감면제도가 마련돼 있다.

미국에서는 이러한 재해손실을 캐주얼티 로스(casualty loss)라고 지칭해 사업자 여부를 불문하고 화재, 폭풍, 난파 등의 재해로 입은 건당 100달러 이상의 손실이 해당 과세 기간 총수입 금액의 10%를 초과하면 소득공제의 대상으로 하고 있다. 도난 및 그 밖의 우연적 손실의 범위가 넓게 인정된다는 점이 특기할 만하다. 독일의 경우 멸실이나 손상 등의 자산손실이 업무적 영역과 충분히 긴밀한 관계에 있을 때 취득원가의 잔존가액이나 수리비의 한도 내에서 소득공제가 인정된다. 일본에서는 생활에 통상 필요한 고정자산이 자연재해로 손상된 경우 잡손공제라는 항목이 적용된다. 다만 코로나19와 같은 감염병은 그로 인해 어떠한 재산의 물리적 감손이 발생하지 아니하기 때문에 우리 세법상의 재해손실세액공제제도를 적용받기 어렵다는 난점이 있다. 그러한 결론은 미국 세법상의 캐주얼티 로스, 독일 세법상의 소득공제나 일본 세법상의 잡손공제에서도 모두 마찬가지다. 물론 징수유예나 가산세 감면은 적용받을 수 있으나 납세자가 체감하는 실효성이 상대적으로 높지 않다는 한계가 있다.

　대신 코로나19로 인한 사업자나 기업의 매출 감소에 따른 결손금 공제 제도를 주목할 필요가 있다. 결손금이란 해당 과세 기간의 필요경비가 같은 기간의 총수입 금액을 초과하는 경우의 그 금액을 말한다. 이러한 결손금은 2가지 방법으로 공제될 수 있다. 첫째는 해당 사업연도의 결손금을 '과거' 사업연도의 과세표준에서 공제해 이미 납부한 세액을 환급받는 소급공제이고, 둘째는 해당 사업연도의 결손금을 '미래' 사업연도의 소득에서 공제해 납부할 세액을 감소시키는 이월공제이다. 우리 세법은 원칙적으로 결손금에 대해 10년간의 이월공제를 적용하되 예외적으로 일정한 중소기업에 대해서는 1년간의 소급공제를 허용한다. 우리 세법이 채택하고 있는 기간과세의 원칙을 엄격하게 적용할 경우 사업연도별 소득의 편차라는 우연한 사정에 의하여 조세 부담의 불공평이 초래되므로 결손금 공제제도라는 장치를 통해 과세형평을 도모하는 것이다.

　미국의 경우 결손금의 이월공제는 20년간, 소급공제는 2년간 폭넓게 적용된다. 독일, 영국은 결손금의 이월공제 기간을 무기한으로 설정했고, 소급공제는 중소기업을 불문하고 2년, 1년을 적용한다. 결손금의 소급공제 및 이월공제는 코로나19와 같은 감염병으로 매출이 급감한 사업자 및 기업에 대한 효과적인 구제 수단이 될 수 있다. 특히 결손금 소급공제는 직전 연도에 소득을 얻어 세금을 납부했다면 불측의 재난으로 당해 사업연도에 손실이 발생했더라도 일정 세금을 환급받을 수 있어 즉시 손해전보가 된다. 따라서 결손금 소급공제를 중소기업에 한해 1년간만 적용받게 한 세법 규정을 개정해 그 적용 대상을 넓히고 적용 기한도 2년으로 확대하는 방안을 적극 고려해 봄직하다. 부칙 규정을 통해 적용 시기를 제한하거나 일몰 기한을 두는 것도 차선의 장치가 될 수 있다. 결손금이 발생한 원인을 고려해 공제 방법이나 기간을 탄력적으로 적용하자는 주장도 경청할 만하다. 긴급재난지원금은 재난 피해와 무관하고 긴급성도 떨어진다는 문제가 있는데, 분기별 가결산을 통해 결손금을 파악해 수시로 소급공제 경정청구를 하는 방식을 허용한다면 양수겸장(兩手兼將)의 해결책이 될 수 있을 것이다. 과세관청에 수시부과권이 부여돼 있는 마당에 재난에 직면한 납세자의 수시경정청구권이 인정되지 못할 이유는 없을 것이다.

한편 재정 여건이 허락돼 긴급재난지원금을 지급하더라도 여기에는 소득세나 증여세의 과세 문제가 있다. 개인에 대해 열거주의 소득개념을 택한 우리 세법에서는 긴급재난지원금이 별도의 소득 항목으로 규정돼 있지 않고, 상금이나 사례금 등의 기타소득으로 보기도 어려우며, 국가나 지방자치단체로부터 증여받은 재산은 증여세가 비과세된다고 규정하고 있어 그 과세 가능성은 낮다. 다만 긴급재난지원금은 선별적 지급으로 형평성과 적시성에 반한다는 지적이 있는데, 만일 운영의 묘를 살려 그 지원금을 소득 항목으로 규정하고 전 국민에게 즉시 지급한 다음 추후 고소득자에 대해 누진세율 등을 적용해 상당 부분을 환수한다면 형평성과 적시성의 두 마리 토끼를 잡을 수도 있을 것이다. 저소득 근로자에 대해 장려금을 지급하는 근로장려세제의 시행 경험도 있는 국세청이 그 역할을 효과적으로 수행할 수 있을 것이다. 뿐만 아니라 임차료를 감면해주는 경우의 유사접대비 이슈, 재난소득의 소득 구분 등 장래에 문제의 여지가 있는 쟁점들에 대해서도 보완 대책이 필요하다. 우리 세정의 절장보단(絕長補短)의 지혜를 통한 따뜻한 세정춘풍(稅政春風)을 기대한다.

08

차세대 제주특별법과 조세정책의 향방

(2021. 10.)

2021년 올해는 '제주도개발특별법(제주특별법)' 제정 30년을 맞는 해이다. '제주도의 헌법'으로도 불리는 제주특별법은 '도민주체 개발'과 '개발이익 환원'을 골자로 한 최초의 지역개발계획에 관한 특별법으로 수차 개정을 거쳐 현재에 이르고 있다. 장기간의 입법지원에 힘입어 제주도는 2013년 관광객 1,000만 명 시대의 개막을 알렸고 2019년에는 1,520만 명이 제주를 방문하여 절정을 이뤘다. 조세감면 등 혜택으로 말미암아 카카오 및 넥슨지주회사는 제주시에 본사를 두고 있고 제주첨단과학기술단지에는 70여 개의 IT 기업이 입주하여 도내 고용을 창출하고 수출을 선도하고 있다. 다만, 한 세대가 지났음에도 당초 예정되어 있던 중앙정부의 핵심 권한이 이양되지 않았고 작년말 지방자치법의 전부개정으로 다른 지방자치단체의 자치권과 주민참여권이 전반적으로 강화되면서 제주특별법의 '특별한 지위'가 무색하게 됐다. 최근 제주도의회에서는 자치입법권과 자치재정권 강화를 담은 제주특별법 전부개정에 나서고 있는데, 차세대 제주특별법 개정안이 통과되면 기능적 분권을 넘어 고도의 자치권 확보와 포괄적 권한이양이 가능하게 된다.

노태우 정부에 의해 추진된 제주특별법은 관광기반시설을 대폭 확충하여 제주도를 '동아시아의 하와이'와 같은 국제적 관광휴양지로 육성해 지역경제의 활성화를 도모하기 위한 취지에서 1991년 12월 제정되었다. 제주도지사에게는 중장기 종합개발계획의 수립권한이 자치분권 차원에서 보장되었고, 제주도개발사업특별회계가 설치됐으며 개발사업 추진을 위해 지역개발채권을 발행할 수 있도록 함으로써 자치재정의 첫 삽을 뜨게 되었다. IMF 환란 이후인 2002년에는 홍콩과 싱가포르를 모델 삼아 제주도를 '국제투자자유지역'으로 육성·발전시키기 위해 법명을 '제주국제자유도시특별법'으로 바꾸고 제주첨단과학기술단지 및 제주투자진흥지구의 입주기업에 대해 국유재산의 임대·매각 및 각종 조세감면 특례의 근거를 두었다. 제주국제자유도시개발센터(JDC)가 법령에 근거를 두고 설치된 시점도 이때이다. 2006년 노무현 정부에서는 제주특별자치도를 설치하여 자치조직, 인사권 및 자치재정권을 폭넓게 보장하고 중앙행정기관의 권한을 대폭 이양하기 위해 명칭을 '제주특별자치도 설치 및 국제자유도시 조성을 위한 특별법'으로 다시 바꿨다. 자치경찰제가 최초로 시행되고 도의회에는 법률안 의견제출권까지 보장되었다. 제주특별법은 1990년대 국제 관광휴양지 모델로 추진되다가 2000년대에 접어들면서 사람, 상품 및 자본이 자유롭게 오가는 국제자유도시 모델로 그 범위를 넓혔다고 평가된다.

제주특별자치도에 대한 다양한 혜택 중에서도 조세특례의 체감지수가 높다. 제주특별법, 조세특례제한법, 지방세특례제한법 및 제주특별자치도세 감면조례에서는 제주도 입주기업 등에게 다양한 조세혜택을 부여하고 있다. 제주첨단과학기술단지, 제주투자진흥지구 또는 제주자유무역지역에 입주하는 기업에는 사업개시일로부터 5년간 법인세·소득세가 감면되고, 연구개발 또는 감면대상사업에 직접 사용하기 위한 수입물품에 대해서는 관세가 면제된다. 입주일로부터 5년간 취득세가 면제되며 10년간 재산세도 100% 감면된다. 또한, 여행수요 증진을 위하여 내국인 관광객이 제주도의 지정된 면세점에서 상품을 구입할 경우 부가가치세, 개별소비세, 주세, 관세 및 담배소비세 등 간접세 면제가 적용된다. 이러한 폭넓은 세제 인센티브에 힘입어 수도권 쏠림 현상이 무색하게 제주의 인구는 2019년 기준 최근 10년 간 19.3% 증가한 67만여 명이 됐고, 취업자도 2009년에 비하여 10만여 명이 증가한 38만 명을 기록했으며, 제주의 지역내총생산(GRDP)도 같은 기간 전국평균 57.5%를 훌쩍 넘어 89.2%가 성장하는 괄목할 성과를 이뤘다.

감면세제와 더불어 제주특별법에서 보장하는 폭넓은 재정권은 제주의 실질적 자치재정을 가능하게 하는 쌍두마차의 역할을 한다. 도세와 시·군세가 통합되고 국세도 담을 수 있는 제주특별자치도세가 창설됐고 대통령령에서 정하는 세액감면 사항을 도 조례로 대체할 수 있도록 하는 특별 규정을 두었다. 취득세, 등록면허세, 재산세 및 지역자원시설세 등 지방세에 대해서는 도 조례로 정하는 바에 따라 지특법상 감면액의 50% 범위에서 가감할 수 있는 권한이 위임됐고, 취득세 및 재산세 등의 세율을 도 조례를 통해 조정할 수 있는 특례도 두었다. 지방교부세법에도 불구하고 보통교부세 총액의 3%가 자동적으로 제주도에 배정되며, 지방재정법에도 불구하고 도의회의 의결을 거쳐 지방채 한도를 초과한 발행도 가능하다. 그렇지만, 핵심적 재정권은 여전히 부재하다. 제주특별법은 국세 세목의 이양 또는 제주에서 징수되는 국세의 이양을 명시하고 있지만 조세특례제한법에 의한 뒷받침이 없어 공염불 상태이다. 그 결과 제주특별자치도세가 자치재정에서 차지하는 역할은 턱없이 부족하다. 2020년 기준 제주특별자치도의 재정자립도가 38.7%로서 전국 평균 48.7%에도 미치지 못한다는 사실이 이를 반증한다.

올해로 이립(而立)을 맞는 제주특별법은 '기반을 닦는다'라는 논어 '위정(爲政)' 편의 의미처럼 지난 30년 동안 제주를 지금의 반석 위에 올려놓는 데에 지대한 기여를 하였다. 그러나 제주도에 대한 조세정책의 현주소는 규범과 실상이 동떨어져 돌아가 그 미래 보장이 불확실하다. 국제 관광휴양지로 육성하기 위해서는 부가가치세 환급과 면세지역 확대 등이 요청되고, 국제자유도시의 기반구축을 위해서는 외국자본에 대한 법인세 감면이 무엇보다 중요하다. 이를 위해서는 지방세만으로는 부족하고 제주특별법에서 규정한 국세의 이양이 필수적이지만 세제상 혼란의 우려 때문에 조세특례제한법상 도입이 가로막혀 있어 조세정책 면에서는 손발이 묶여있는 상황이다. 당장 수출입 상품에 대한 관세 및 상품에 대한 부가가치세가 없고 이자소득, 배당소득, 양도소득 자체를 과세하지 아니하는 홍콩이나 마카오 수준의 과세특례를 두는 것은 어렵겠지만, 제주특별법의 취지에 따라 단기적으로는 부작용이 적은 부가가치세 등 간접국세에 대한 이양을 시도해 보고 장기적으로는 그 폐해에 대한 면밀한 검토를 거쳐 법인세 등 직접세에 대한 조치도 추진하는 것을 고려해 봄직하다.

　통일 시대를 대비하여 제주도의 지정학적 위치를 십분 고려하여 외국의 기업들과 관광객들을 유치할 수 있는 다양한 세정지원제도를 유지·발전시켜 나간다면 제주 도민은 물론이거니와 우리나라 국익에도 큰 기여가 될 것이다. 제주에서의 지방자치의 경험은 세종특별자치시 출범의 모델로 이어졌다고 평가되고 있고 그 조세정책상의 공과는 향후 통일시대의 다양한 지방자치제 운용의 시금석(試金石) 역할을 톡톡히 수행할 수 있을 것이다. 제주특별법 제정 30년을 맞아, 앞으로의 30년 청사진을 설계하고 미래 먹거리를 든든하게 확보할 수 있는 차세대 제주특별법과 조세정책의 좌표에 대한 고민이 필요한 시기다.

02

조세기본법
산책

01

탈세제보 포상제의 명(明)과 암(暗)

(2017. 08.)

2001년 교통위반신고 포상금제도의 실시로 '카파라치'가 등장한 이후 불법학원을 고발하는 '학파라치', 쓰레기 무단투기를 신고하는 '쓰파라치' 등 새롭게 생겨난 각종 파파라치만 수십 가지가 넘는다. 2012년 당시에만 중앙행정기관에서 70개, 지방자치단체에서 901개 등 총 971개의 신고포상금제도가 운영되었고 이후 포상금 규모도 계속 증가하고 있다. 대한민국은 '신고포상금 공화국'으로 불려도 손색이 없다. 전국에 활동 중인 '전업 파파라치'만 500~1,000명에 이르고 '부업 파파라치'도 7,000~8,000명으로 추산된다.

국세청이 종전 1억 원이던 탈세제보 포상금의 상한을 2013년 10억 원, 2014년 20억 원, 2015년 30억 원 등으로 증액하자 포상금을 노리는 '세파라치'가 본격 출현했다. 탈세제보 포상금은 조세탈루행위나 해외금융계좌 신고의무 위반행위를 적발하는 데 중요한 자료를 제공하거나, 신용카드의 사용이나 현금영수증의 발급을 거부하는 사업자를 제보하는 등의 경우에 제보자의 지위에 제한 없이 최고 30억 원을 한도로 탈루세액 등의 5~15%가 포상금으로 지급된다.

포상금의 대폭 증액으로 탈세제보건수가 2012년 1만 1,087건에서 2013년 1만 8,770건, 2014년 1만 9,442건, 2015년 2만 1,088건 등으로 3년만에 2배 가까이 늘었다.

탈세제보 포상금제도는 뿌리가 오래된 행정수단이다. 최초의 포상금은 1865년 완성된 고종시대 통일법전인 대전회통(大典會通)의 호전(戶典)에 등장한다. 농부가 염상(炎傷)이 있는 면세토지라고 거짓 보고한 경우 타인의 고발을 허용하고 그 토지는 고발인에게 지급하도록 했다. 근대 조선과 미 군정시절에도 탈세제보 보상금제도를 뒀다. 미국은 연방 국세청(IRS)산하에 전문인력을 보유하며 탈세제보 포상금제도를 전담하는 내부고발자 담당실(Whistleblower Office)을 운영하면서 소규모 사업자에 대한 제보에 적용되는 재량포상금제도와 거액 탈세 제보에 대해서 지급되는 법정포상금제도를 두고 있다.

우리나라의 탈세제보 포상금제도는 제보건수와 추징규모에 비춰 실효적인 행정수단으로 자리를 잡았다고 할 수 있다. 다만 탈세제보 포상금제도의 이면에는 "행정집행의 수단으로서 '만인에 의한 만인의 감시'를 어디까지 허용해야 하는지"라는 윤리적 문제가 담겨 있다. 우리나라는 포상금 수급자의 자격요건에 제한을 두고 있지 않아 포상금 수입을 직업으로 삼고 있는 '세파라치'나 심지어 자신의 범죄행위를 신고한 탈세의 공범자에 대해서도 포상금이 지급된다. 탈세제보의 실효성을 위해서 '세파라치' 등에 대해서도 포상금을 지급할 필요성이 없지는 않으나 그것이 사회공동체의 윤리의식과 구성원 일체감의 상실이라는 큰 덕목에 반하는 측면이 있는 것은 아닌지 신중할 필요가 있다.

또 탈세제보 포상금제도가 제대로 자리잡기 위해서는 경쟁업체 제거 등의 사적 목적을 위해 탈세제보가 남발하는 것을 막는 것도 중요하다. 과거 대부분의 탈세제보가 포상금으로 이어지지 않았다는 것은 탈세제보가 무분별하게 성행되었음을 방증한다. 무분별한 제보는 과도한 행정력

낭비와 피제보자에 대한 불필요한 조사노출을 초래한다. 무고죄와 같이 허위제보에 대한 별도의 처벌 조항을 마련할 필요가 있다. 세수확보에 기여하는 포상금제도의 순기능은 그대로 유지하면서 부작용은 최소할 수 있는 제도 정비가 절실한 시점이다.

기부의 역사와 세제

(2017. 11.)

때 이른 11월 한파가 매섭다. 그 한기만큼이나 올해 세모의 기부민심은 유달리 쌀쌀할 듯하다. 통계청이 실시한 지난 1년 동안의 기부경험 조사에서 참여율이 26.7%로 나타났다. 2011년 36.4%, 2013년 34.6%, 2015년 29.9%로 해마다 낮아져 역대 최저치를 기록했다. 경제협력개발기구(OECD) 평균 기부참여율 43.5%에 미달하고 기부선진국인 영국의 72.5%에는 한참 미치지 못한다. 국세청 기부금 신고현황을 보면 2013년까지 매년 증가하던 기부금은 2014년 12조 원으로 전년보다 5,000억 원 정도 대폭 감소했다. 영국 자선지원재단이 발표한 2017년 세계기부지수에서도 우리나라는 35개 OECD 회원국 중 21위로 하위권에 머물렀다.

자선과 기부의 역사는 장구하다. 자선(charity)의 어원은 사랑을 뜻하는 라틴어 카리타스(karitas)로 선물과 호의의 여신의 이름(charites)에서 유래했다. 그리스는 아고라 중앙에 카리타스의 재단을 설치하여 기부가 시민의 의무임을 표상했다. 아리스토텔레스는 기부는 상호부조적 호혜성의 발현으로 공동체 구성원들에게 경제적 이해타산을 초월한 유대감과 결속력을 형성시켜 준다고 봤다. 존 로크는 기부를 공동체 일원으로 최소생계를 유지하기 위한 시민의 권리로 파악했다. 현실적으로도 정부가 세금을 거둬 적재적소에 공공재를 공급하기에는 어려움이 있다. 그 역량을 구비한 민간 영역이 있다면 정부의 역할을 대신하는 것이 효율적이다. 경제 불확실성이 상존하는 현대사회에서 기부는 자생적 사회안전망 기능도 수행한다. 국가가 기부를 장려하고 세제혜택을 부여할 다양한 필요성이 있는 것이다.

기부문화는 미국에서 현저하다. 2016년 기준으로 미국의 총 기부금은 3,900억 달러이고 그중 개인 기부금은 2,818억 달러로 전체의 약 72.3%를 차지하고 있다. 세계 최고의 부자 빌 게이츠와 투자의 귀재 워런 버핏은 전 재산의 90% 이상을 기부하겠다고 밝혔다. 페이스북 창업자 마크 저커버그도 보유 주식의 99%를 기부하겠다고 약정했다. 철강왕 앤드루 카네기가 설립한 '카네기 재단', 석유 재벌 존 록펠러가 만든 '록펠러 재단', 포드 자동차의 창업주 헨리 포드의 기부로 만들어진 '포드 재단'은 세계적 지원활동을 펼치고 있다. 미국의 기부문화는 노블리스 오블리주 전통을 넘어 모든 시민들이 적극 참여하는 자선의 경연이다.

미국의 기부전통은 미국인의 '선한 마음'에서 연유한 것일까? 기부자의 선의가 물론 중요하지만 세제상의 혜택에도 주목할 필요가 있다. 미국의 기부금세제는 기부자 친화적 구조로 설계돼 있다. 자선 목적으로 기부를 하면 과세소득의 50%까지 소득공제 돼 소득세 부담이 높은 계층일수록 혜택이 크다. 또한 주식을 기부하더라도 전체 주식의 20%까지는 증여세를 물리지 않는다. 미국의 기부문화 창달에 혁혁한 공을 세우고 있는 것이다. 영국은 기부금액의 20~40% 범위에서 소득공제를 허용해 주고 있다. 기부액의 기본세율만큼 자선단체가 국세청에 기프트 에이드(Gift Aid, 개인들의 자선적 기부금에 세금 면제를 주기 위해서 기부를 허락하는 제도)를 청구할 수 있도록 해 기부 효과를 배가시키거나, 기부금액에 대해 최고세율을 기준으로 한도 제한 없이 조세감면 혜택을 부여한다. 일본도 2007년 소득공제 상한을 기존 30%에서 40%로 올리고, 공제적용 하한도 5,000엔에서 2,000엔으로 낮췄다. 전체 주식의 50%까지는 증여세도 면제된다. 프랑스는 기부금액의 66% 또는 75%에 대한 세액공제 혜택을 준다.

그러나 우리나라 기부금세제는 홀로 '역주행' 중이다. 고소득자에 대한 공평 과세를 이유로 2013년 기부금 공제가 소득공제에서 15%나 25% 세액공제로 변경됐다. 종전 30% 소득세율이 적용되던 개인이 100만 원을 기부하면 그 금액이 소득에서 공제돼 30만 원의 세금이 절감됐는데 이제는 15%의 세액공제에 따라 그 혜택이 15만 원 감소됐다. 2014년 기부금의 대폭 감소도 이런 세제변경과 무관하지 않은 것으로 보인다. 공익법인에 주식을 출연한 경우 5% 또는 10% 초과 부분에 대해서는 증여세도 과세된다. 실제 주식 90%를 장학재단에 기부했다가 140억 원의 증여세를 부과받은 사례도 있다. 고소득층에 대한 과다혜택방지의 정책적 목적이 있었겠지만 그 규제를 완화하더라도 기부의 본지가 상실되는 것은 아니다. 시나브로 꺼져가는 기부의 등불을 살리기 위해서는 소득공제 환원 등 기부금세제의 전면적 개편이 필요한 시점이다. 기부의 혜택제한으로 얻은 세수이익보다 기부문화 고양으로 얻는 무형의 이익에 직시해야 한다. 향후 제2, 제3의 마크 저커버그가 우리나라에서도 등장하기를 꿈꿔 본다.

03

가산세 유감

(2017. 12.)

교수들이 뽑은 2017년 올해의 사자성어로 '파사현정(破邪顯正)'이 선정
됐다. 파사현정이란 그릇된 것을 깨고 바른 도리를 드러낸다는 뜻이다.
이것은 윤리규범이나 거대담론만이 아니고 일상의 제도 개편에서도 실천
될 수 있다. 그간 세무 분야에서 가산세에 대해 여러 문제점이 제기돼 왔
는데, 세모를 앞두고 개선의 관점에서 가산세제도를 들여다 볼 필요가 있
다.

가산세는 납세의무의 성실한 이행을 확보하기 위해서 미납부된 본세에
가산해 징수하는 금액이다. 무신고면 20%, 과소신고면 10%의 신고불성
실가산세가 본세에 덧붙여 부과된다. 부당행위에 해당하면 40%로 증액된
다. 또한 미납일수에 따라 연간 10.95%의 납부불성실가산세가 병과된다.
무신고의 경우 5년의 일반 부과제척기간을 미납기간으로 계산하면 납부
불성실가산세만 본세의 55%에 달하고 신고불성실가산세를 포함하면 75%
에 이르게 된다. 만일 10년의 부과제척기간이 적용되는 부당·무신고라면
본세의 150%에 달하는 가산세가 부과된다. 부정행위로 거액의 상속세를
포탈한 경우에는 상속을 안 날로부터 1년까지 상속세를 부과할 수 있어

뒤늦게 발견하면 본세의 10배를 넘는 가산세 부과도 가능하다. 본말전도의 상황이다.

본세의 미납은 납세자의 명백한 잘못에 기인한 경우 외에도, 종전 과세관행이 바뀌거나 세법 해석의 차이로 인한 경우도 있다. 그럼에도 미납사실이 발생하면 사유를 구분하지 않고 기계적으로 최대 금액의 가산세가 부과된다. 납세자에게 정당한 사유가 있으면 가산세를 감면한다고 하지만 실무상 이를 인정받는 경우가 드물다. 보정 기회도 사실상 봉쇄돼 있는 것이다. 외국 입법례의 가산세 규모와 면제사유를 보더라도 과중함이 확인된다. 미국은 무신고·미납부 가산세를 원칙적으로 본세의 25%를 한도로 부과한다. 영국은 가산세가 최대 미신고 금액까지 부과돼 그 한도가 미신고 금액의 100%로 설정된다. 일본은 정당한 사유를 유형화해 비교적 폭넓게 가산세 면제를 허용하고 있다. 미국에서는 일정한 경우 본세 미납의 중요한 전거나 합리적 근거와 충분한 공개를 입증하면 가산세가 면제된다.

과다한 가산세 부과 체계는 '가산금'과 '환급가산금' 제도와의 형평에도 맞지 않는다. '가산금'이란 납세고지서의 납부기한이 경과하면 자동적으로 발생해 징수되는 금액을 말한다. 미납 추징시 본세와 가산세가 합산돼 납세고지되고 그 금액을 제때 납부하지 않으면 거기에 일반가산금과 중가산금이 추가된다. 납세고지서의 납기를 놓치면 3%가 바로 가산되는데 이것이 '일반가산금'이다. 그 이후에는 1개월당 1.2%의 '중가산금'이 붙는다. 그런데 가산금에 대해 국세징수법은 그 징수 기간을 60개월로 한정하고 있다. 즉, 가산금은 징수 기간의 상한이 설정돼 고지세액을 초과할 수 없다. 가산세제도에 비해 합리적이다.

'환급가산금'은 납세자가 과다하게 세금을 납부한 경우 그 세금을 돌려줄 때 가산해 주는 금액이다. 과세관청의 부과 처분이 취소되거나 납세자의 경정청구가 받아들여지는 경우에 지급된다. 납부불성실가산세와 같이

이자로서의 성격을 가지나 그 규모는 미미하다. 한때는 환급금의 가산이
자가 연 10.95%로 법정이자 연 5%보다 두배나 높은 수준이었으나, 2002
년 연 4.75%로 반토막 난 후 현재는 연 1.6%에 불과하다. 그나마도 경정
청구에 대해서는 납부일이 아니라 경정청구일부터 기산한다. 시중은행의
평균 이자를 반영한다는 취지는 이해하지만, 납세자가 잘못해 미납하면
연 10.95%의 납부불성실가산세를 부과하면서 국가가 실수하면 연 1.6%
만을 가산해 돌려주는 것은 형평에 반한다. 미국은 1998년부터 미납세액
의 이자율과 환급금의 가산금을 동일하거나 1% 차이가 나는 수준으로 맞
췄다. 독일도 원칙적으로 가산세와 환급가산금을 불문하고 월 0.05%씩의
금액을 가산하고 있다.

　무거운 가산세를 통해 본세의 이행을 담보하는 조세정책적 필요성은
있다. 그러나 본세를 초과하거나 옥석을 가리지 않고 최대 금액의 가산세
를 부과하는 것은 재고의 여지가 있다. 가산세(加算稅)의 문언과 제재의
성격에도 반한다. 가산세의 입법 목적을 저해하지 않는 범위 내에서 그
한도를 설정하고, 가산세 면제의 정당한 사유를 유형화해 최소한 선의 ·
무과실의 납세자에 대해서는 그 부담을 면제하거나 경감할 필요가 있다.
가산세제도에 대해 파사현정의 정신을 구현해 볼 시점이다.

04
원천징수제도의 그늘

(2018. 09.)

어느 회사의 대주주 겸 대표이사가 운영자금 100억 원을 횡령한 후 제3자에게 회사 주식을 양도한 다음 해외로 도피했다. 그로부터 수년이 지난 시점에 관할세무서장은 위 횡령사실을 적발하고 사외유출된 위 100억 원이 대표이사에 대한 상여라는 이유로 회사를 원천징수의무자로 보아 원천징수 소득세와 가산세 50억 원의 징수처분을 했다. 회사는 원천납세의무자인 대표이사로부터 위 세금을 회수하고자 사방팔방으로 노력했으나 허사로 끝났다. 가상의 사례지만 과세실무상 자주 있는 일이다. 대표이사 횡령의 경우에 피해자인 회사가 그 횡령금에 대한 소득세까지 대신 부담해야 하는 아이러니한 상황이 발생한다. 이러한 역설적인 문제는 현행 소득세제의 근간을 이루는 원천징수제도에서 기인한다.

원천징수는 납세자와 일정한 연관을 맺고 있는 자로 하여금 납세자가 낼 세금을 '대신' 걷어서 국가에 납부하게 하는 제도를 말한다. 원천징수의무자가 자신의 비용과 부담으로 타인의 세금을 국가를 위해 대신 거두어 주는 것이다. 회사가 매달 근로자에게 급여를 지급하면서 소득세를 원천징수하는 경우가 대표적이다. 원천징수제도는 징세의 편의를 높여 주고, 탈세를 방지하는 기능을 수행한다고 알려져 있다. 국가가 1만 명의 종업원을 쫓아가 세금을 걷는 대신 1개의 회사를 상대로 초기 단계에서 손쉽게 세금을 징수할 수 있는 것이다. 납세자의 입장에서도 소득세를 매월 분납하면 일시 납부 부담이 경감된다. 근로소득만 있는 납세자는 연말정산으로 종합소득세 신고의무에서도 면제된다. 이러한 순기능 덕분에 2016년 기준 국세세수 242조 원 중 원천징수세액은 54조 원으로 약 22.3%를 차지하고 있다.

원천징수제도의 기원은 1803년 영국으로 거슬러 올라간다. 우리나라에서는 일제 강점기 시절인 1927년, 조선총독부의 재정독립계획에 의해 원천징수제도의 모태가 되는 조선자본이자세령이 시행됐다. 1949년 새로이 제정된 소득세법에서도 원천징수제도를 두고 있었음은 물론이다. 1970년대 이후 우리나라의 원천징수제도는 독자적인 발전을 했고, 21세기에 접어들어서는 원천세 전자세정의 기반구축 및 원스톱 연말정산 서비스 시행 등으로 다른 국가들의 모범이 되는 선진 원천세정을 구현하고 있다. 각론에서는 차이가 있지만 미국, 일본, 유럽연합(EU) 등 세계 유수의 선진국들도 원천징수제도를 도입해 운영하고 있다.

원천징수제도에서는 원천납세의무자 대신 원천징수의무자가 국가와의 법률관계의 전면에 등장한다. 원천징수의무자는 원천납세의무자에게 소득금액을 지급하면서 그에 대한 세액을 공제해 국가에 납부하게 되는데, 이러한 의미에서 원천징수의무자는 국가에 대해 '공법상의 원천징수의무'를 부담한다고 설명된다. 원천징수의무자가 그 의무이행을 제대로 하기 위해서는 소득의 실질귀속자와 소득의 성격에 대한 정보가 필요하나 거래 상대방에 대한 정보요구권도 없는 터라 이를 파악하기 어려운 경우가 많다. 외국에 거래상대방이 소재하는 국제거래에서는 더욱 그러하다. 원천징수의무자가 원천징수를 이행하지 못한 경우에는 본세에 더해 가산세를 부과받고, 심한 경우 조세범 처벌법에 따른 형사처벌까지 받기도 한다.

　사회 전체적으로 볼 때 원천징수제도가 과세행정을 위한 효율적인 제도라는 점에는 이견을 달기가 어렵다. 그러나 어디까지나 원천징수의무자는 원천납세의무자의 세금징수를 위해 국가의 사무를 대신 수행하는 공무수탁사인에 지나지 않고, 국가의 조세행정에 협력하는 제3자에 불과하다. 그럼에도 원천징수의무자에게 지나치게 과도한 의무와 책임을 부담시키는 것은 문제이다. 또한 원천징수의무자가 '대신 수행'해주는 국가의 과세행정에 대한 협력의무는, 헌법상의 납세의무가 아닌 법률상의 의무에 불과하기 때문에 원천징수제도를 운용함에는 더욱 신중을 기할 필요가 있다. 가상의 사례와 같이 대표이사의 횡령에 대해 피해자인 회사에 대표이사의 소득세까지 부담시키는 것은 원천징수제도의 과도한 확대 적용사례로 지적되고 있다. 달성하고자 하는 공익에 비해 침해되는 사익이 크기 때문에 헌법상의 비례의 원칙에 반할 수도 있다. 뿐만 아니라 원천징수의무의 불이행에 대한 조세부담이나 형사처벌이 너무 과중하다는 비판도 꾸준히 제기되고 있다.

　물론 대법원과 헌법재판소는 원천징수제도가 헌법에 위반되지 아니한다는 점을 수차례 밝힌 바 있다. 그러나 선진 세정을 뒷받침하는 원천징수제도인 만큼 그 운용에 대한 비판 및 대안을 경청할 필요도 있다. 대표적으로 세수 확보를 위한 공헌을 고려해 원천징수의무자에게 교부금 등 경제적 인센티브를 부여하는 방안, 가상의 사례와 같은 유사거래에 대한 원천징수제도의 확대 적용의 제한, 거래상대방에 대한 정보요구권의 도입, 정당한 사유가 있는 원천징수의무자에 대한 원천세 본세의 면제 및 원천징수의무 불이행죄의 폐지 등이 제시된다. '양약고구(良藥苦口)'라는 말이 있듯 제도의 개선방안에 대한 정부, 학계, 납세자의 합리적 중지를 모으는 과정이 당장은 지난하게 느껴질 수 있지만, 21세기 세계를 선도하는 '세정한류(稅政韓流)'의 밑거름이 될 것이라 확신한다.

05

'결혼 보너스'에 대한 소고

(2019. 01.)

2019년 황금돼지의 해가 밝았다. 매년 그러하듯 올해도 새해 첫 출산은 언론의 관심사였다. 2000년에는 '즈믄둥이'의 출산이 세간의 이목을 집중시켰다. 고고지성(呱呱之聲)으로 시작한 인생은 배우자를 만나 결혼을 하고 자녀를 낳아 인류 종족의 대를 이어간다. 우리의 삶에서 '결혼'과 '출산'은 너무나 자연스러운 것이었는데, 어느 순간 국책 장려사업이 되었다. 국회예산정책처 보고서에 따르면, 2017년 기준 성인 남성과 여성의 평균 초혼 연령은 32.9세 및 30.2세를 기록했다. 이는 1998년의 28.8세 및 26.0세에 비해 각각 4.2세씩 상승한 수치이다. 동시에 우리나라 합계출산율은 2017년 1.05명으로 경제협력개발기구(OECD) 평균 합계출산율 1.68명에 한참 못 미친다. 특히 우려되는 것은 2018년 3분기 합계출산율이 0.95명을 기록했다는 사실이다. 그 결과 1971년 102만 명으로 정점을 찍은 출생아 수는 2017년에는 35만 명으로 3분의 1 토막이 났다. 반면 우리나라의 전체 65세 이상 고령인구는 2017년 14.2%를 기록해 초고령사회를 향해 질주하고 있다.

이러한 저출산과 고령화의 추세라면 우리나라의 생산가능인구 100명이 부양해야 하는 고령인구는 2018년 19.6명이지만 2030년 38.2명, 2040년 58.2명, 2060년에는 82.6명으로 수직상승이 전망된다. 이는 생산가능인구와 취업자 수의 증가율을 감소시켜 잠재성장률을 낮출 뿐만 아니라, 노후의 불안감 때문에 개인 소비가 감소하여 내수경제가 악순환에 빠질 우려도 농후하다. 또한, 세수 측면에서는 경제성장률이 하락하고 취업인구가 줄어들어 조세수입은 감소하는 반면, 세출 측면에서는 복지지출이 꾸준히 증대해 국가 재정수지의 악화는 명약관화하다. 고령화와는 달리 저출산은 해결의 실마리가 없지는 않다. 저출산의 기저에는 경제적 부담에 따른 만혼과 비혼이 자리 잡고 있는 점에 주목해야 한다. 결혼과 출산 장려를 위해 신혼부부 전세담보 대출지원, 신혼희망타운 조성, 출산지원금 및 아동수당 지급 등 다양한 방안이 제시되고 있지만 '조세제도'의 활용 의견은 많지 않은 듯하다.

헌법은 혼인과 가족생활은 개인의 존엄과 양성의 평등을 기초로 성립되고 유지되어야 하며 국가는 이를 보장한다고 규정하고 있다. 헌법재판소는 위 조항에 대해 소극적으로는 혼인과 가족을 차별하는 불이익한 제한조치를 금지해야 할 국가의 의무를 정한 것이지만 적극적 측면에서는 적절한 조치를 통해 혼인과 가족을 지원해야 할 국가의 과제를 포함한다고 판시한 바 있다. 따라서 혼인과 출산에 대한 마음은 있으나 외부적 여건이 여의치 못한 남녀들에 대한 국가적 지원은 법리적으로도 정당한 문제 해결의 황금열쇠가 된다. 조세제도의 합리적 개선을 통해 혼인과 출산에 세제상의 혜택을 준다면 가정의 행복을 증진시키면서 국책과제도 달성하는 일거양득의 효과를 얻을 수 있다.

우리나라 소득세는 개인을 납세단위로 설정하는 개별과세제도를 택하고 있다. 그렇다 보니 결혼과 출산을 하더라도 그에 대한 혜택이나 불이익이 없이 중립적이어서 이를 장려하는 조세정책적 기능을 수행하지 못하고 있다. 개별과세제도의 기존 패러다임에 대한 전환 필요성이 긴절한 시점이다. 미국과 독일은 누진세율구조하에서 부부합산 균등분할제도와 개별과세세도 중 유리한 제도의 선택권을 납세자에게 부여하는 '선택적 2분2승제'를 채택하고 있다. 예컨대 남편이 100, 아내가 0의 연간 소득을 얻는 경우 양자를 합산하여 2로 나눔으로써 남편과 아내가 각각 연 50의 소득을 얻은 것으로 보아 과세하는 것이다. 소득 100과 50에 대해 적용되는 누진세율의 차이만큼 납세자들은 일종의 '결혼 보너스'를 받게 되는 것이다. 프랑스는 저출산의 사회문제를 극복하기 위한 방편으로 배우자, 자녀를 포함한 세대 구성원의 소득을 모두 합산해 세대구성원별 소득으로 안분하는 '가족단위제도'를 두고 있다. 프랑스의 소득세 계산방식은 가족 구성원의 수가 많을수록 더 큰 세부담의 경감을 유도하게 되어 사실상 기혼유자녀 가구에 '결혼과 출산 보너스'를 제공하는 것이 된다.

그뿐만 아니라 우리나라 소득세는 20세 이하 부양가족 1인당 연간 150만 원의 기본공제만을 허용하고 있다. 근본적으로 기본공제, 특별공제 등 인적 공제 합산액은 국민기초생활 보장법상의 최저생계비에도 미치지 못한다. 기본공제액의 대폭적 상향이 요청되고, 같은 맥락에서 자녀에 대해 지출하는 교육비 등에 대한 공제한도도 더욱 증가시킬 필요가 있다. 한편 프랑스의 경우 맞벌이 부부를 위해 자택에서 가사, 육아 등의 특정 지출에 대해 일정 한도 내에서 그 지불액의 50%에 대한 세액공제를 인정하고 있다. '일과 가정의 양립'을 위해서는 여성의 직장 노동과 관련해 지출되는 영유아 보육비, 가사도우미 비용 등에 대한 세제상의 지원이 절실하다. 국가가 세제개편을 통해 공제혜택을 부여하는 것은 국고부담이 간접적이고 납세자의 성실신고도 장려할 수 있는 묘책이 될 수 있다.

나아가 부부간의 재산이전에 따른 상속세 및 증여세제를 더욱 혼인친화적으로 개정하는 방안도 긴요하다. 현재 우리 세제는 부부간 재산의 증여에 대해 6억 원이 넘는 금액은 '증여세'의 과세 대상으로 삼고, 배우자 일방의 사망으로 인한 상속에 관해서도 일괄공제, 배우자공제를 제외한 금액은 '상속세'를 납부하도록 하고 있다. 그러나 미국과 영국에서는 부부 간 재산이전은 증여, 상속을 불문하고 전액 과세를 면제하고 있다. 부부 가 혼인 중에 취득한 재산은 실질적으로 부부의 공유이고, 부부관계가 해 소된 경우 위자료나 재산분할에서도 증여세가 발생하지 않는 것과의 형평 상 부부간 부(富)의 이전에 대한 과도한 증여세, 상속세 과세를 완화할 필 요가 있다. 다산과 풍요의 상징인 기해년 황금돼지해를 맞이해 청춘들에 게 합당한 '결혼 보너스'를 부여함으로써 그들의 새로운 시작을 한껏 축복 해 줄 수 있는 '현인(sophos)의 지혜(sophia)'를 고대해 본다.

06
부과제척기간의 역주행

(2019. 02.)

어느덧 입춘·우수를 지나 개구리가 잠에서 깨어난다는 경칩의 목전이다. 얼마 전까지 맹위를 떨치던 한파도 춘풍(春風) 앞에서 속절없는 듯하다. 동장군의 위세도 계절의 흐름에 꺾이듯이 과세관청의 부과권도 일정 기간이 지나면 사라진다. 과세권의 소멸기간이 부과제척기간인데, 조세법률관계의 장기간 불안정 상태를 방지하기 위해 부과권이 일정 기간 행사되지 않으면 납세의무가 소멸하도록 하는 제도이다. 그 기간은 최초 소득세, 상속세 등 5년, 기타 국세 2년에서 출발해 국내거래의 부정행위는 10년, 국제거래의 부정행위는 15년 등으로 연장돼왔다. 올해 들어 다시 국제거래의 부과제척기간을 종전 과소신고 5년, 무신고 7년에서 각각 7년, 10년으로 상향했고, 조세정보를 해외 과세당국으로부터 받은 경우에는 정보수령일로부터 1년간으로 늘리는 특례부과제척기간 조항을 신설했다. 부과제척기간의 지속적 연장 추세이다.

'제척기간'은 로마법상의 소권(action)에서 유래한다. 초기 로마법은 영구적 소권(action perpetual)을 인정해 모든 권리가 시간의 제약 없이 행사됐다. 그러나 이로 인해 법적 안정성이 심각하게 저해되자 테오도시우스

2세는 칙법을 통해 시민법상의 소권에 30년의 제한을 두게 됐다. 유스티
니아누스 법전도 이를 계수해 30년을 권리의 소멸기간으로 보았는데, 부
과제척기간 개념도 그 뿌리를 찾아 올라가면 로마법과 맞닿아 있다. 부과
권의 제척기간은 그 부과권의 행사로 생긴 징수권의 소멸시효와는 구별된
다. 중단이나 정지에 따라 연장이 가능한 소멸시효와는 달리 제척기간은
권리의 '존속기간'이기 때문에 그 기간을 넘기면 권리 자체가 무조건 소멸
하도록 돼있다.

　우리 세법상 제척기간의 개념이 도입된 것은 1984년이다. 1970~1980
년대의 대법원 판결은 별도의 근거규정 없이 과세관청의 부과권은 시효로
소멸하지 않는다는 취지의 판시를 했다. 당시 세법은 일본과 같이 징수권
의 소멸시효 규정만을 두고 있었는데, 판례는 부과권은 제척기간 규정이
없으므로 기간경과로 소멸을 의제할 수 없다고 보았던 것이다. 그러나 언
뜻 보더라도 국가의 과세권이 영구 무한하게 인정되는 것은 불합리했고
그러한 생각이 부과제척기간 입법의 단초가 됐다. 현행 세법상 일반 부과
제척기간은 5년이다. 그러나 부정행위가 있다면 그 기간이 15년까지 연장
된다. 뿐만 아니라 상속세, 증여세를 명의신탁 등의 방법으로 포탈한 경
우에는 과세관청이 그 사실을 안 날로부터 1년 이내에 과세할 수 있다는
특칙도 있는데, 이는 사실상 무제한의 부과제척기간 허여이다. 법률관계
의 신속한 확정을 위해 도입된 부과제척기간이 아이러니하게도 조세법률
관계를 되레 장기화시키는 결과를 낳고 있는 것이다.

　부과제척기간의 또 다른 문제점으로 지적되는 대표적 사례가 소급적용
의 경우이다. 예컨대 2011년 개정 국세기본법은 소득처분이 있는 경우 부
과제척기간을 10년으로 연장하면서 부칙에서 2012년 이후의 최초 소득처
분부터 적용된다고 규정했다. 종전 규정에 따라 부과제척기간이 경과해
과세가 불가능한 것을 개정 조항에 의해 다시 과세할 수 있다는 것으로,
소급입법에 의한 재산권침해의 여지가 컸다. 다행히도 판례에 의해 5년의

부과제척기간이 경과하지 않는 경우로 그 적용범위가 제한됐지만 여전히 문제는 남아 있다. 형사소송법에서는 2007년 전면 개정을 통해 다수의 공소시효를 연장하면서도, 부칙에서 개정 전에 범한 죄에 대해서는 종전의 공소시효를 적용한다는 명문규정을 두어 소급입법적 요소를 미연에 방지한 것과 비교된다. 형법은 범죄가 성립하더라도 추후 처벌규정이 폐지되면 더 이상 형사처벌이 불가한 반면, 세법은 납세의무를 성립시킨 과세조항이 나중에 폐지되더라도 납세의무는 여전히 존속한다. 이러한 차이를 고려하면 부과제척기간 경과 전에 이를 연장하는 규정이 신설되더라도 그 균형상 부과제척기간에 대해서는 종전 규정을 적용해야 할 것이다. 또한 사실상의 소급적용의 결과를 가져오지 않도록 장기부과제척기간의 근거가 되는 '부정행위'도 엄격하게 해석해야 한다. 시대에 따라 변천하는 부정행위의 의미를 자의적으로 해석해 부과제척기간을 늘리는 고무줄 잣대로 활용한다면 소급적용의 우회로를 개설해주는 셈이 되기 때문이다.

　무기평등(武器不等)의 관점에서도 불공평 문제가 제기된다. 납세자는 과세관청에 적정세액을 초과해 신고납부를 했거나 후발적 원인으로 세액감액이 생긴 경우 등에 경정청구를 할 수 있다. 이러한 경정청구권은 과세관청의 부과권에 대응하는 납세자의 권리이다. 그런데 국가의 부과제척기간은 기본이 5년이고 과소신고 7년, 부정행위 또는 무신고 10년, 역외거래의 경우 15년까지 늘어난다. 반면 납세자의 경정청구권은 종전의 1년부터 시작해 2년, 3년을 거쳐 현재에도 5년에 그치고 있다. 프랑스는 납세자의 경정청구권과 국가의 부과제척기간을 공히 3년으로 정하고, 부정행위가 있는 예외적 경우에만 제척기간이 5년으로 연장된다. 조세회피행위를 방지하기 위해 제척기간의 연장 필요성도 있지만 납세자와 국가간 과도한 기간의 불균형은 수긍하기 어렵다. 부과제척기간의 영역에서는 세정 한파의 형국이다.

　과장(過長)의 제척기간은 연간 10%의 납부불성실가산세, 40%의 부당무

신고가산세가 추가돼 도저히 예측하거나 감당할 수 없는 수준의 세액 산출로 귀결된다. 가산세 규모가 본세의 2~3배를 넘는 주객전도의 사태도 배제할 수 없다. 설령 납세자에게 귀책사유가 있더라도 그로 인한 제재는 납세자에 대한 비난 가능성과 균형을 이루어야 하는 것이 헌법상 책임주의 원칙에 부합한다. 작금은 제척기간과 관련된 일련의 문제에 대해 경청할 만한 개선안 제시가 요청되는 시점이다. 올 기해년에는 부과제척기간의 영토에서 동장군 위세를 누그러뜨릴 세정춘풍(稅政春風)을 기대한다.

특수관계인의 비애

(2019. 04.)

[사례 1] 외국인이 최대주주로 있는 국내 상장회사의 임원인 내국인이 철수하는 외국인과의 치열한 협상을 통해 그 지분을 싸게 매수했다. 과세관청은 내국인이 외국인 지배회사의 임원이어서 '특수관계'에 있다는 이유로 외국인으로부터 시가차액을 증여받은 것으로 보아 거액의 증여세를 과세했다. M&A의 대립 상대방이 특수관계에 포함되어 예외의 여지없이 증여세가 부과되는 상식 전도의 경우다.

[사례 2] 아버지는 1억 원에 매수했던 부동산을 아들에게 2억 원에 양도하고 양도소득세를 신고했다. 과세관청은 부동산의 정당한 시가가 3억 원이라고 하면서 아버지에게는 2억 원의 양도차익이 있는 것으로 간주해 양도소득세를 추가 부과하고 아들에게는 시가차액인 1억 원을 증여 받은 것으로 보아 증여세를 부과했다. 시가 3억 원의 부동산을 '증여'했다면 4,000만 원의 증여세만 부담하면 되는데 세법상 '특수관계'에 있다는 이유로 양도소득세 5,565만 원, 지방소득세 556만 원, 증여세 500만 원 등 총 6,621만 원의 세액이 과세되어 증여보다 더 큰 세부담이 발생하는 모순적인 상황이다.

가상의 사례들이지만 특수관계인에 대해 소득세법상 부당행위계산부인 규정과 상속세 및 증여세법상 증여규정이 적용되는 전형적 형태로 실무에서 빈번하게 문제된다. 이러한 사태의 기저에는 우리 법제상의 '특수관계인세제'가 자리하고 있다. 헌법재판소는 특수관계인을 "당사자 쌍방의 이해관계가 대부분 서로 일치하여 거래행위에 있어서도 이를 자유롭게 좌우하여 조세 부담을 경감시키기 쉬운 관계에 있는 자들"이라고 정의했다.

종전에는 개별 세법별로 특수관계인 규정을 두고 있었을 뿐 일반적 정의규정이 없었으나 2011년 비로소 특수관계인 정의규정이 국세기본법에 도입됐다. 현행법상 특수관계인은 '친족관계', '경제적 연관관계' 및 '경영지배관계'로 구분된다. 친족관계는 배우자, 6촌 이내 혈족 및 4촌 이내 인척을, 경제적 연관관계는 임원, 사용인 및 그 자와 생계를 함께하는 친족 등을, 경영지배관계는 직접 또는 간접적으로 발행 주식 총수의 30% 이상을 보유하는 등으로 회사경영에 지배적 영향력을 행사하는 자를 의미한다.

특수관계인에 대해서는 [사례 2]와 같은 소득세와 증여세의 중복과세 이외에도 국세기본법상 법인의 납세의무에 대한 제2차 납세의무의 부담, 저당권 설정 계약 등이 통정한 가짜 계약으로 취급되는 등 과세당국의 현미경 레이더가 작동하게 된다. 특히 상속세 및 증여세법에서는 증여일로부터 5년 이내의 상장차익 등을 증여세 과세대상으로 삼고, 특수관계인 보유주식은 20% 또는 30%를 할증평가하는 등 한층 더 과세를 강화하고 있다. 특수관계인 거래에 대해서는 자본이익과세 등 다른 제도를 통해 소기의 규제가 충분히 가능함에도 특수관계인세제가 징벌적 목적에서 옥상옥으로 운영된다는 근본적 비판이 있다. 특히 [사례 2]에서 보는 저가양도의 경우에는 이익분여의 정도가 더욱 큰 '무상증여'보다도 '유상양도'가 더 무겁게 과세될 수도 있다는 점에서 주객전도의 형국이므로 증여세 금액을 그 과세한도로 삼는 것 등을 적극 고려할 필요가 있다.

　무엇보다도 특수관계인세제의 가장 큰 문제점은 그 범위가 지나치게 넓고 모호하며 의제적이라는 것이다. [사례 1]과 같은 주식양도뿐만 아니라 적대적 M&A에서의 견원지간까지도 특수관계로 포섭될 수 있고, 일단 부지불식간에 특수관계인이라는 촘촘한 그물망에 걸리게 되면 반증에 의해 벗어날 여지도 없는 구조이다. 기존에는 경영지배관계의 판단에 있어서 발행주식 총수의 50%가 기준이었으나 2012년 국세기본법 시행령 개정을 통해 30%로 하향됨으로써 문제는 더욱 악화되었다. 특히 '지배적 영향력'이라는 주관적이고 애매한 개념이 사용되어 예측가능성이 현저히 떨어지고 있다. 또한 부당행위계산부인제도를 적용하면서 우리 법인세법은 국세기본법의 규정에도 불구하고 발행주식 총수의 1% 이상을 보유하는 주주는 모두 특수관계인으로 규정하고 있다. 반면 독일 법인세법은 25%를, 일본 법인세법은 50%를 일응의 기준으로 하여 부당행위계산부인 제도를 적용하고 있다. 일반적으로 소수주주가 법인에 대해 가격 등의 결정권한이 없다는 점을 고려할 때 우리나라의 법제는 매우 과도하다는 인상이다.

　친족관계에 대한 규정도 마찬가지이다. 6촌 이내의 혈족과 4촌 이내의 인척이라는 것은 오늘날의 핵가족 형태에 비춰볼 때 지나치게 광범위하다. 일례로 미국 세법은 관계자의 범위에 배우자, 직계존속, 직계비속 및 형제자매만을 포함한다. 영국 세법상 친족의 범위도 미국과 동일하고, 한 걸음 더 나아가 혼란을 방지하기 위해 숙부, 숙모, 이종·고종사촌 및 조카 등은 명시적으로 관계자의 범위에서 제외한다. 독일 조세기본법상의 친족의 범위도 형제자매의 자녀, 부모의 형제자매 등 대략 3촌의 범위 내로 한정되어 있다. 특히 우리 세법이 '생계를 함께 하는 자'까지 특수관계인의 범위에 포함시킨 것은 최근의 사회 현실과도 동떨어져 폐지를 고려해야 한다는 목소리가 높다. 만일 이러한 특수관계인의 범위 조정이 어렵다면 독립적 관계가 충분하게 입증된 경우에는 특수관계인세제의 적용에서 벗어날 수 있는 탈출구를 마련해주는 것이 정의 관념에 부합할 것이다.

특수관계인세제는 일본 세법상 '동족회사행위부인제도'에서 유래한 것으로, 1949년 우리나라 법인세법 제정 당시 최초로 도입되어 올해로 우리 법제에 편입된지 만으로 '70년'에 이른다. 도입 당시 미국의 '관계자'와 같은 중립적 개념 대신 강한 어감의 '특수관계자'로 등장해 조세회피의 대응 수단으로 효과적으로 기능해 온 공적은 크다. 다만, 현시점에서 지적되는 과도한 적용 범위와 과중한 과세에 따른 납세자의 예측가능성 및 과세형평의 침해 문제에 대한 비판도 경청할 필요성이 있다. 고희에 달한 우리나라의 특수관계인세제가 잘 정비되어 우리의 독자적인 '특수성'만이 강조되지 않고, 비교법적으로도 글로벌 스탠더드에 부합하는 '보편성'을 겸비하는 양수겸장(兩手兼將)의 역할을 하기를 고대해본다.

08

금융정보분석원과 과세정보의 수문장

(2020. 07.)

　다소 생소하지만 과세 정보의 주요 제공자로 금융정보분석원(KoFIU)이 있다. KoFIU는 금융기관을 이용한 범죄 자금의 세탁 방지 등을 목적으로 특정금융정보법 제3조에 근거해 2011년 설립된 금융위원회 소속의 독립된 중앙행정기관이다. KoFIU는 국내외 금융기관 등으로부터 보고받는 정보가 하루에도 수십만 건에 달해 '정보의 보고(寶庫)'라고 해도 과언이 아니다. 2018년 국내 법집행기관의 요구에 의해 3만 8,023건의 금융정보를 제공했는데 국세청분이 3만 6,562건으로 96%를 차지한다. KoFIU 정보를 세무조사에 활용해 지난 5년간 추징한 세금은 연평균 2조 4,000억 원을 웃도는 것으로 조사됐다. 자금 세탁 방지기관의 조세 분야 기여도는 단연 군계일학(群鷄一鶴)이다.

　자금세탁(Money Laundering)은 1920년대 미국 알 카포네 등 조직범죄자들이 도박·불법 주류판매 수입금을 이태리인들이 운영하는 세탁소의 합법적 현금수입으로 가장한 것에서 유래한다. 자금세탁 방지를 위한 국제규범의 정립은 1989년 창설된 국제자금세탁 방지기구(Financial Action Task Force, FATF)가 담당하고 있다. FATF에는 우리나라, 미국 등 39개국이 참여하고 있는데, 그 핵심적 권고사항이 금융정보분석기구의 설립이다. 1990년대 초반부터 각국의 FIU가 설치되기 시작했고, 1995년에는 비공식적인 에그몽 그룹(Egmont Group)이 결성되어 국제적 공조가 개시됐다. 국제협력의 일환으로 2000년대 중반까지 테러자금조달 억제, 국제조직범죄 방지 및 부패 방지를 위한 협약이 연이어 체결됐다.

각국의 FIU는 금융회사 등으로부터 의심스러운 금융거래에 관한 보고를 받은 후 이를 분석하여 법집행기관이나 다른 국가의 FIU 등에 전달하는 역할을 담당한다. 각국의 FIU의 유형을 성격에 따라 구분하면 행정부형, 법집행기관형, 준사법기관형으로 대별된다. KoFIU는 미국 재무부 산하의 FinCEN(Financial Crime Enforcement Network), 일본 국가공안위원회 산하의 JAFIC(Japan Financial Intelligence Center)와 유사한 '행정부형'으로 분류된다. 행정부형은 금융기관과 법집행기관간 완충기구로서 금융기관의 협조를 쉽게 구할 수 있는 장점이 있다.

KoFIU는 현재 기획행정실, 심사분석실, 제도운영과, 심사운영1~3과의 2실 4과 조직을 갖추고 있고, 정보 제공 여부를 결정하는 정보분석심의회를 별도로 둔다. 심의회는 금융정보분석원장, 검찰에서 파견된 심사분석실장 및 10년 이상 경력을 지닌 판사 등 3인으로 구성된다. 금융회사는 KoFIU에 고액현금거래(Currency Transaction Report, CTR)와 의심거래(Suspicious Transaction Report, STR)에 대한 정보 보고 의무를 부담한다. CTR은 1거래일 동안 일정 금액 이상의 현금 입출금 거래로서 그 기준이 초기 5,000만 원에서, 2010년에는 2,000만 원, 작년에는 1,000만 원으로 낮춰져 왔다.

STR은 자금 세탁 등이 의심되는 불법 거래로서 초기에는 그 기준이 2,000만 원 이상이었으나 2010년에는 1,000만 원으로 됐다가 2013년에는 그 한도가 삭제됐다. 또한 작년에는 일정한 대부업자나 전자금융업자에게도 보고 의무가 확대됐다. 국세청은 2013년 이전에는 조세 형사사건에 대한 STR 정보만을 제공받았으나 그 이후부터는 일반 세무조사 용도로도 제공받고 있으며 CTR 정보도 포함됐다. 광대역 과세정보 제공의 시대다.

KoFIU와 국세청간의 폭넓은 정보 공유가 세수 확보에 크게 기여하는 점은 부인하기 어렵다. 그러나 FIU의 정보 제공은 범죄 관련성을 전제로 하는데, 세무조사 용도로 사용되는 것은 자금 세탁 방지의 법 제정 취지에 부합하지 않고 정상적 금융거래조차 위축시킬 가능성이 높다는 지적이 있다. 또한 헌법상 개인정보자기결정권에서 파생되는 금융정보보호권이나 영장주의 원칙과의 관계를 되짚어 볼 필요도 있다. 금융정보에 대한 수사기관의 영장 발부는 사생활 보호를 위해 엄격한 기준을 적용하면서, 과세행정 목적으로는 법원의 통제 없이도 용이하게 이를 이용할 수 있게 한다면 행정기관에 의한 편법적·무제한적 정보의 수집이 가능해지는 부작용도 발생할 수 있다.

현행 금융거래 보고의 기준 금액을 대통령령으로 정하도록 한 것도 헌법상 법률유보의 원칙에 위배될 여지가 있다는 비판이나 KoFIU의 조직 및 인력을 법률로써 정하고 중립성을 제고하자는 제안도 일리가 있다. 이뿐만 아니라 납세자의 사적 정보의 유출 위험성을 미연에 방지하기 위해 기술적 측면에서의 보완은 물론 처벌 규정의 강화도 검토해 볼 수 있다. 정보의 비가역적 특성상 일단 제공이나 유출이 되면 어떠한 대책도 사후약방문(死後藥方文)이 된다. 과세정보 보물창고의 수문장인 KoFIU의 '정보지킴이(gatekeeper)'로서의 역할도 기대해 본다.

03

소득세
산책

연말정산의 간소화 및 합리화

(2018. 02.)

'13월의 보너스', 연말정산의 시즌이다. 연말정산은 사업자가 근로자의 급여소득에 대한 부담세액과 원천징수세액의 차액을 연말에 정산하는 일이다. 사업자는 매달 근로소득 간이세액표에 따라 상용근로자의 급여 일부를 원천징수하고 각종 공제를 적용하여 전년도 급여에 대한 근로자의 부담세액을 따져 다음 해 2월 급여에서 그 과부족액을 정산한다. 통상 간이세액표에 따른 원천징수세액이 근로자의 부담세액보다 크기 때문에 2월에는 연말정산 환급금을 받는다. 연말정산에서는 매년 전년도 말의 세법 개정이 바로 반영되므로 주의가 요망된다. 지난 연말에도 출산·입양의 세액공제금액 확대, 월세 세액공제대상의 확대 등 다수 개정사항이 있었다.

연말정산제도는 우리 세법이 1975년 종합소득 과세제도를 채택하면서 도입되어 1976년부터 시행되었다. 불혹의 세월을 넘겨 매해 마주하는 친숙한 제도로 자리 잡았다. 연말정산 절차를 보면, 근로자의 부담세액 산정을 위해 우선 근로자의 총급여액에서 근로소득공제를 해서 근로소득금액을 산출한다. 여기에 각종 소득공제를 하여 과세표준을 산출하고 과세표준에 세율을 곱하여 산출세액을 계산한 후 각종 세액공제를 해서 부담세액을 산정한다. 이어 원천징수세액과 부담세액을 비교하여 과부족액의 정산이 행해진다. 근로소득만 있는 납세자의 경우 연말정산은 소득세 신고납부에 갈음된다.

연말정산제도는 우리나라와 일본에 존재하는 다소 특이한 제도이다. 미국에서는 근로자를 포함한 모든 납세자에게 소득세 신고납부의무가 부과되어 있다. 미국의 소득세 신고납부 절차를 보면, 우선 총소득에서 사전공제를 하여 조정소득금액이 산정된다. 조정소득금액에서 항목별공제나 표준공제를 선택하여 차감을 받은 다음 인적공제를 하여 과세표준이 계산된다. 우리나라와 달리 각종 공제 대신 단일한 표준공제를 선택할 수 있다는 점이 특색이다. 그 과세표준에 세율을 곱해 나온 산출세액에서 원천징수세액 등을 공제하여 결정세액이 산출된다. 납세자는 매년 4월 15일까지 결정세액을 과세관청에 신고납부하여야 한다. 사업자는 개입하지 않고 납세자 개인의 책임 하에 신고납부절차가 이루어지는 것이다.

연말정산은 무슨 이유에서 도입된 것일까? 납세자가 1년 소득에 대한 세금을 일시에 납부해야 한다면 납세자도 부담이 되고, 과세관청도 세수관리의 어려움을 겪게 된다. 이에 근로소득에 대해 사업자가 매월 원천징수세액을 먼저 걷고, 연말에 정산이 행해지도록 한 것이다. 연말정산을 통해 개별 근로자의 부양가족 수, 지출 정도가 공제항목으로 반영되어 조세의 형평성도 높아진다. 과세관청도 사업자를 연말정산의 창구가 되도록 하면서 보다 정확한 세원을 파악할 수 있게 된다.

물론, 연말정산제도의 문제점도 제기되고 있다. 우선, 일반 국민들에게는 연말정산 절차가 매우 난해하고 관련 세법 개정이 너무 잦다는 점이다. 2016년 국세상담센터의 연말정산 상담문의만 440만 건으로 전년대비 5.7% 증가하였다고 한다. 또한, 연말정산 때 사업자에게 제출되는 각종 서류들을 통해 납세자의 가족관계·건강·재산·종교·정치성향 등 개인정보가 과도하게 노출된다는 지적도 있다. 이를 해결하기 위해서는 과세관청의 연말정산간소화 서비스를 보완하는 것 외에 미국식 표준공제의 도입을 생각해 볼 수 있다. 연말정산 때 납세자에게 각종공제 대신 표준공제의 선택권을 준다면 복잡한 연말정산절차를 단순화시킬 수 있고 과다한 개인정보 노출도 방지할 수 있을 것이다.

더하여 연간급여가 3,000만 원 이하의 일용근로자들은 각종 공제를 받지 못하여 세금 부담이 상용근로자보다 높아 연말정산 사각지대가 발생한다는 주장도 있다. 과거 도입된 특정 공제항목이 불변항목으로 유지되고 있어 사회적 변화에 따른 새로운 지출항목의 반영이 지연되고 있다는 비판도 있다. 2017년 한국조세재정연구원의 조사결과에 따르면, 우리나라의 평균임금 대비 납세자 1인당 인적공제의 수준은 2017년 현재 3.42%로서, 캐나다 22.50%, 일본 7.94%, 미국 7.71%, 프랑스 7.44%에 비하여 현저히 낮다. 이 점에서도 사회적으로 유용한 지출항목에 대한 세제지원의 추가를 검토할 필요가 있다. 여성의 사회진출을 장려하는 차원에서 미국 등에서 혜택을 주고 있는 '가사도우미' 비용 등이 그 예가 될 수 있다. 연말정산에 대한 여러 지적은 상당히 일리가 있는 '쓴 약'이므로 머리를 맞대고 중지를 모아야 할 것이다. '13월의 월급'을 꿈꾸듯 연말정산제도의 일신우일신을 기대해 본다.

02

초고령사회와 연금세제

(2018. 12.)

　2018년도 끝자락에 접어들면서 동장군이 슬슬 맹위를 떨치기 시작했다. 한파에 옷깃을 여미는 요즘, 안방의 따뜻한 구들과 곳간의 넉넉한 양식이 그리워진다. 인생에서 노후는 흔히 겨울에 비유된다. 노년에는 건강도 염려되지만, 가장 큰 근심사는 황혼기의 '소득 절벽' 문제일 것이다. 통계청의 '2018 고령자 통계'에 따르면 올해 9월 기준 우리나라 65세 이상 노인인구 비율은 14.3%를 기록해 처음으로 '고령사회' 기준인 14%를 넘어섰다. 2060년에는 초고령사회 기준인 노인인구 비율 20%를 훌쩍 넘어 총인구의 41.0%가 노인으로 추정되고, 15~64세 생산가능인구 1.2명당 노인 1명을 부양해야 하는 것으로 분석된다. 설상가상 2018년 노인빈곤율은 48.6%로 경제협력개발기구(OECD) 회원국 가운데 단연 1위이고, 2위 스위스의 24%에 비해 갑절 이상 높다. 유비무환의 대책이 긴박한 누란지위의 형국이다.

　보건사회연구원의 2017년 보고서에 따르면 "부모 부양을 누가 담당해야 하는가"라는 질문에 30.6%만이 '가족'이라 답했고, '사회 등'이 담당해야 한다는 견해가 50.8%에 달했다. 1998년 조사에서는 조사 대상의

89.9%가 가족이라고 답한 것에 비하면 상전벽해다. 초고령사회로의 진입
은 국가의 노령인구에 대한 부양 의무와도 직결된다. 현재 노인의 기본소
득을 밑받침하는 것은 '기초연금'과 '국민연금'이다. 우리나라의 연금 구조
는 3층적 구조라고 한다. 1층은 국민연금, 기초연금의 '공적연금', 2층은
'퇴직연금', 3층은 연금저축, 연금보험 등 '사적연금'이 자리 잡고 있다. 공
무원연금, 사학연금, 군인연금 등 특수직역연금은 1층과 2층이 통합된 형
태다.

　국민연금 등 공적연금이 있더라도 여전히 노후 대비가 불안한 것이 현
실이다. 이를 해결하기 위해 미국, 영국 등 선진국에서 적극적으로 활용
하는 것이 사적연금이다. 국내총생산(GDP) 대비 사적연금의 비중은 네덜
란드가 160%, 영국은 95.7%, 호주는 91.7%, 미국은 74.5%에 달하는 반
면 우리나라는 5.4%에 그치는 실정이다. 이는 OECD 평균인 77%의 1할
에도 미치지 못하는 극히 낮은 비율이다. 개인의 노후 대책은 우선 잔여
소득을 은행에 저축하거나, 주식 등에 투자하거나, 연금을 불입하는 3가
지 방안으로 대별된다. 은행 저축은 위험성은 작으나 저이율 시대에 접어
든 요즘 수익성이 떨어지고, 주식 투자는 변동성이 크다는 단점이 있다.
양자의 장점을 취할 수 있는 것이 바로 사적연금이다. 개인 단위 투자에
비해 연금기금은 막대한 자금을 토대로 효과적이고 다양한 투자를 시도할
수 있어 수익률과 안정성의 두 마리 토끼를 한 번에 잡을 수 있다. 국가
로서도 개인들이 사적연금을 통해 노후 소득을 마련하면 향후 노인 복지
의 필요 재원을 절약할 수 있으니 금상첨화다. 그러나 여전히 우리나라
국민의 사적연금 가입률은 높지 않다. 그 원인으로는 다른 선진국들에 비
해 사적연금에 대한 세제상 혜택 부족이 지적된다.

　연금에 대한 세제는 크게 TEE(Tax−Exempt−Exempt) 방식과 EET(Exempt
−Exempt−Tax) 방식으로 구분된다. 전자(TEE)는 연금 불입시 그 불입액
에 대해 과세한 후 연금 수령시에는 비과세하는 방법이고, 후자(EET)는

연금 불입시 그 불입액에 대해 소득공제 또는 세액공제한 후 연금 수령시 연금소득에 대해 과세하는 방법이다. 동일한 담세력에 대해 두 번 과세할 수는 없으니 불입시 혹은 수령시 중 어느 한 시점에만 과세하는 것이다. 우리나라의 연금세제는 후자(EET)를 채택하고 있다. 연혁적으로는 1994년 개인연금저축제도가 최초 도입된 이후 납입 금액의 40%까지 소득공제 혜택을 부여하다 2014년 소득세법 개정으로 세액공제 방식으로 전환됐다. 2018년 현재는 개인연금 400만 원, 퇴직연금의 근로자 기여분 300만 원의 연간 합계 700만 원 한도로 연금 불입액의 12%에 대한 세액공제가 적용되고 있다. 연금 수령시에는 총 연금액이 연간 1,200만 원 이하인 경우 원천징수 분리과세로 종결되고, 그 이상인 경우 종합과세가 이뤄진다.

TEE 과세 방식의 미국, 영국을 제외하고 대부분의 OECD 국가들은 우리나라와 같은 EET 과세 방식을 택하고 있는데, 사적연금 불입금에 대해 세액공제를 하는 국가는 우리나라가 유일하다. 2014년 소득공제에서 세액공제 방식으로 전환한 것은 세제상의 역진성을 개선하기 위한 취지였다. 이에 대해서는 저소득층은 결과적으로 이미 교육비, 보험료 공제 등을 통해 대부분 세금을 공제받기 때문에 후순위의 사적연금 세액공제 효과가 아무런 인센티브가 되지 못하고, 고소득층은 기존 소득공제에 비해 사적연금 가입의 유인을 느끼지 못해 부동산, 주식 등 다른 투자처를 찾게 된다는 지적이 있다. 연금은 기본적으로 거액의 운용기금을 확보해야 높은 수익률 달성과 원활한 연금 지급이 가능할뿐더러 기금 차원에서 다양한 포트폴리오를 구성해 안전성도 도모할 수 있다. 충분한 운용기금이 확보되도록 세제상 혜택을 부여하는 방향이 가입자와 운용사 모두에게 유리하다.

현행 세액공제의 문제점에 대한 해결책으로는 기존의 소득공제 방식으로 환원하거나, 세액공제 비율을 현행 12%에서 근로자의 평균 한계세율인 15% 내지 24%로 상향하는 방안 등이 제기되고 있다. 또한 후순위로 적용되는 사적연금 세액공제의 공제 순서를 상향시켜 세액공제를 받지 못한 연금 납입금이 수령시에 연금소득으로 과세되는 이중과세의 우려를 근본적으로 차단하면서 중산층 이상에 대해 추가 인센티브를 부여해야 한다는 견해도 있다. 초고령사회가 머지않은 현재 든든한 노후 소득 보장을 위한 수단으로 연금제도를 세제상으로 어떻게 지원할지 탁견을 구할 시점이 왔다. 개인의 따뜻한 노후를 보장하면서 늘어나는 국가의 재정 부담도 줄일 수 있는 일석이조의 묘책이 긴요하다.

03

사업소득의 좌표

(2019. 05.)

　어느 교수는 2017년 다수의 연구용역과 외부강연으로 총 1억 원의 추가수입을 올렸다. 그는 위 수입을 기타소득으로 보아 80%의 필요경비를 공제하고 35%의 세율을 적용해 소득세 700만 원을 납부했다. 그런데 관할세무서는 위 수입이 사업소득이라며 소득세차액 2,800만 원(=3,500만 원-700만 원) 및 가산세를 추징했다. 위 사례는 실제 사안의 사실관계를 각색한 것이다. 그 타당성 여부를 떠나 같은 소득에 대한 세부담의 큰 차이는 소득세법이 소득유형에 따라 일시적 인적용역의 제공대가는 기타소득으로, 계속적·반복적 형태의 소득은 사업소득으로 보아 각기 세금을 달리 산정하기 때문이다.

　이는 세법상 '소득구분'의 문제로서 그 기원은 대영제국시기로 거슬러 올라간다. 1799년 최초로 소득세를 도입한 영국은 나폴레옹 전쟁이 끝난 뒤 소득세를 폐지했다가 1803년 헨리 애딩턴 수상 시절 이를 부활시키게 된다. 그때 소득을 원천별로 구분해 과세했고 경제적 부의 증가가 있더라도 법률상 소득으로 열거되지 않은 것은 과세하지 않았다. 일시적 자산양도차익이나 수증익이 대표적이다. 애딩턴의 세제는 분류과세제도(scheduler taxation)라고도 하는데 소득을 별표(schedule)별로 나누어 과세했기 때문이다. 독일 역시도 1812년 애딩턴소득세를 받아들여 소득원천설의 입장을 취하다가 점차 과세대상 소득의 범위를 넓혀왔다. 현재에도 영국은 사업소득, 이자소득, 배당소득, 근로소득, 부동산소득, 그 밖의 연차이익의 6가지로 소득을 구분하고 있고, 독일은 농림업소득, 사업소득, 독립적 근로소득, 비독립적 근로소득, 자본자산소득, 임대소득, 기타소득의 7가지로 구별하는 소득원천설의 입장을 견지하고 있다.

우리나라는 과세대상소득을 그 경제적 성질별로 종합소득, 퇴직소득, 양도소득으로 구분하고, 종합소득은 다시 이자소득, 배당소득, 사업소득, 근로소득, 연금소득, 기타소득의 6가지로 세분하고 있다. 이러한 우리나라의 소득세제는 영국과 독일의 소득원천설을 채택해 '분류과세제도' 및 '제한적 소득개념'을 취하고 있다고 평가된다. 소득구분에 따라 필요경비, 세율, 세액공제, 원천징수 등에서 각기 차이가 있는데, 기타소득과 사업소득에서 현저하다. 기타소득에 해당하면 종전에는 지급액의 80%가, 2018년 4월부터는 70%, 2019년 1월부터는 60%로 필요경비가 단계적으로 하향돼 공제되고 대부분 원천징수에 의해 일회적으로 납부가 종결된다. 사업소득으로 보게 되면 실제로 들어간 비용을 납세자가 입증해야만 공제가 가능한 반면 세법상 감면의 특혜와 이월결손금의 공제 등이 허용된다. 일시적 성격의 기타소득에 대해서는 세무행정상 간편절차로 종결해 납세자의 사적 영역에 대한 과세관청의 개입을 최소화하되, 사업소득에 해당하면 그 내역을 과세관청이 낱낱이 들여다보겠다는 뜻이다. 이처럼 '사업'의 개념은 개인의 사생활 영역과 국가가 관여하는 공적인 영역을 가르는 분수령이기도 하다.

우리 세법상 기타소득은 세부항목을 개별적으로 규정하고 있는 반면 사업소득은 ① 영리목적성, ② 독립성 및 ③ 계속·반복성의 3가지 속성에 의해 판정한다. 판례도 "소득세의 과세대상인 사업소득은 영리를 목적으로 독립된 지위에서 계속·반복적으로 행해지는 사회적 활동인 사업에서 발생하는 소득을 말한다"고 정의하고 있다. 개념적으로 타당한 설명이나 사업소득의 3가지 요소 모두 포괄적이어서 고무줄 잣대의 위험이 있다. 과세관청에서는 그 불확정요소를 넓게 잡아 기타소득도 사업소득으로 과세할 유인이 있는 것이다. 납세자의 입장에서는 그 판단의 난이에 더해 기타소득이 반복되는 경우 어느 단계에서 사업소득으로 전환되는 것인지도 가늠하기 어렵다. 연예인·체육인을 막론하고 기타소득과 사업소득의 구분 문제 때문에 어려움을 겪는 납세자가 부지기수다. 납세자의 예측 가능성을 보장하면서도 과세행정의 효율성도 높일 수 있는 솔로몬의 지혜가 어느 때보다도 절실하다.

다행히 그 묘책은 미국의 하비 로스(Hobby Loss) 규정에서 단초를 찾을 수 있다. 미국에서도 소득구분을 둘러싼 납세자와 과세관청의 갈등은 대동소이하다. 세간에 "당신은 취미라고 하지만, 나는 사업이라고 한다(You say hobby, I say business)"라는 말이 있는데, 이는 미국세법상 하비 로스 제도와 관련된다. 미국세법 제183조는 하비 로스 룰을 정하고 있는데, 영리를 목적으로 하지 않은 취미 활동에서 발생한 손실의 공제는 인정하지 않고, 설령 비용을 인정하더라도 그 활동의 수입액을 한도로만 공제가 가능하도록 규정하고 있다. 취미활동 비용을 본업의 소득에서 공제하는 것을 제한하겠다는 의미이다. 실제 사례로, 미술대학교수로 재직하며 자신이 부업으로 그림을 그려서 판매한 수전 클리에 사건에서 미국 조세법원은 납세자의 손을 들어주어 비용공제를 인정했다. 반면 부동산중개업자로 일하면서 부업으로 마필 7마리를 사육해 매도한 크레이그 사건에서 미국 조세법원은 과세관청에 판정승을 안겼다. 크레이그가 1주일에 부동산중개인으로 일하는 데 더 많은 시간을 사용했으며, 말의 사육은 취미활동의 일환이었다는 이유에서였다.

사업과 취미의 판정기준으로 미국법원은 ① 사업운영방식, ② 전문성,

③ 투자시간과 노력, ④ 관련 자산의 가치상승에 대한 기대, ⑤ 유사활동에서의 성공여부, ⑥ 과거의 손익기록, ⑦ 지속적인 수익창출 여부, ⑧ 납세자의 재정상황, ⑨ 취미나 오락목적 유무라는 9가지 요소를 제시하고 있다. 우리의 사업소득과 기타소득의 유용한 구분기준으로 삼을 만하다. 이를 원용해 하나의 지침을 도출한다면 주된 직업이 있는 납세자의 경우 다른 소득이 있더라도 통상 위 기준을 충족하기 어려우므로 '업(業)의 소득'의 별도 인정에는 엄격해야 할 것이다. 소득구분을 일도양단식으로 규정하기는 어렵겠으나, 미국과 같이 개별요소들을 마련해 사업소득의 구체적 좌표를 설정하는 것은 납세자의 불필요한 조세순응비용을 줄이면서 과세관청의 효율적인 세정을 가능케 한다는 점에서 일전쌍조(一箭雙雕)의 대안이 될 수 있다고 사료된다.

04

위법(違法)소득의 합법(合法)과세

(2019. 08.)

 어느 회사의 대주주 겸 대표자가 2015년부터 2018년까지 약 30억 원을 횡령했다. 이후 그 대표자는 위 횡령 사실을 숨긴 채 보유 주식을 전량 타에 매도한 후 돌연 잠적했다. 2019년 그 회사에 대한 세무조사 과정에서 대표자의 횡령 사실이 발각되었다. 과세관청은 위 30억 원에 대해 대표자 인정상여 처분을 해 그 회사에 근로소득 원천세 약 12억 원을 납부하도록 했다. 가상의 사례지만, 기업 인수인이 종전 경영자의 위법행위로 인해 곤경에 처하는 경우로 실제 우리 주변에서 종종 볼 수 있다. 대표자 횡령의 경우에는 특이한 방식에 따라 대표자의 횡령금액을 근로소득으로 의제하여 횡령의 피해법인에 거액의 소득원천세 부담을 지운다. 대표자는 횡령금에 대해 손해배상채무를 부담해 반환의무를 부담하는 금전의 차용자와 그 지위가 유사함에도 횡령 시점에 바로 소득이 귀속된 것으로 보아 횡령의 피해법인을 과세하는 것이다. 이러한 과세구조는 얼핏 보더라도 불합리한 측면이 있다. 이러한 소득구분 및 귀속시기는 횡령소득뿐만 아니라 모든 위법소득에 기본적으로 공통되는 문제이다.

 위법소득이란 절도, 공갈, 사기, 배임, 뇌물수수, 도박개장, 매춘, 마약

밀수 등 불법행위로 얻은 수입을 말한다. 독일에서는 1차대전 이후 패전 보상금의 재원을 마련하기 위해 금지되고 있던 매춘행위에 대한 과세를 했던 적이 있는데, 당시 국가가 위법행위를 제재하면서 한편으로는 그 과실(果實)의 분배에 참여하는 것이 아니냐는 도덕론적 비판이 있었다. 그러나 오늘날에는 공평과세의 이념과 위법소득자를 적법소득자에 비해 우대하는 불합리한 결과의 방지 필요성이라는 이유에서 위법소득에 대해서도 과세를 해야 한다는 원칙이 전 세계적으로 보편화됐다.

우리 판례 역시 과세소득은 경제적 측면에서 담세력이 있다고 판단되면 족하고 그 소득을 얻게 된 원인관계의 적법·유효 여부를 가리지 아니한다고 하여 위법소득 과세 긍정설을 취하고 있다. 우리 소득세법은 뇌물, 알선수재 및 배임수재에 의해 받은 금품을 과세대상으로 하고 있다. 그리고 조세특례제한법은 불법한 정치자금에 대해 상속세 및 증여세법에 따라 과세한다는 점을 밝히고 있다. 우리 소득세법은 법률에 열거된 소득만을 한정적으로 과세하는 소득원천설을 채택하고 있으므로 위 열거된 위법소득 외에 예컨대 절도, 강도, 사기, 공갈, 배임 등에 의해 얻은 이익은 소득세가 부과될 수 없음이 원칙이다. 또한 위법소득이 그 공여자에게 반환되거나 몰수·추징 판결로 인해 박탈되었다면 과세대상이 될 수 없고, 이미 세금을 납부했을 경우에는 후발적 경정청구의 대상이라는 것이 판례의 입장이다.

위법소득에 대한 과세 필요성은 부인하기 어렵지만, 우리 세법의 위법소득에 대한 과세는 그 체계정합성이 떨어진다는 측면에서 몇 가지 비판을 받고 있다. 예컨대 뇌물, 알선수재, 배임수재로 얻은 금품은 기타소득으로서 소득세 과세대상이지만 절취, 강취, 공갈, 편취된 소득은 소득세법상 과세대상으로 열거되어 있지 않다. 또한 불법 정치자금은 소득세가 아닌 증여세의 과세대상이 된다. 대표자의 횡령소득은 법인세법상 소득처분 제도를 매개로 인정상여로 보아 근로소득이 과세되는데, 횡령금이 근로의 제공과 대가관계 또는 인과관계가 없음에도 근로소득으로 의제하는 것은 불합리하다는 비판이 있다. 현행 소득세법이 소득원천설에 따른 제한적 소득개념을 유지하는 이상 이러한 문제점들을 해결하기 위해서는 다양한 위법소득을 '기타소득'으로 포섭하는 소득세법의 개정이 긴요해 보인다. 또한 위법소득을 얻기 위해 지출된 비용을 어느 범위까지 필요경비로 보아 과세표준에서 공제할지 여부도 불분명하다. 판례는 일응의 기준으로 '사회질서에 반하는 등의 특별한 사정'을 제시하고 있지만 법적 안정성 및 예측 가능성의 제고를 위해 보다 명확한 규준의 설정이 필요하다.

　이러한 과세체계의 문제점이 도드라지는 영역이 바로 횡령소득에 대한 과세이다. 판례에 따르면 대주주 겸 대표자가 횡령을 한 경우에는 소득처분에 의한 근로소득 과세가 가능하고 그 금액은 손금불산입되는 반면, 피용자에 불과한 자가 횡령한 경우에는 피해법인이 손해배상청구권을 보유한다는 이유에서 소득처분을 허용하지 않고 그 청구권이 소멸되는 시점에 손금산입도 될 수 있다. 이처럼 횡령자가 누구인지에 따라 세무상 취급의 중대한 차이가 있는데, 이에 대한 논리적 설명이 쉽지 않음은 물론이다. 더욱이 전자에 대해서는 횡령범죄의 피해법인에게 피해액의 손금불산입뿐만 아니라 원천징수의무를 부담시키는 것은 지나치게 과도하다는 점도 꾸준히 비판된다. 판례 법리상으로는 대표자 등의 횡령 사안에서 향후 횡령소득이 피해법인으로 회수된다고 하더라도 그 원천징수의무는 소멸하지 않는다는 문제도 가세된다. 현행 세법하에서 재산범죄의 피해자에게 원천징수의무를 부담시키는 경우는 횡령이 유일하다. 입법론적으로 횡령금에 대한 과세 필요성은 소득세법상 기타소득의 과세대상을 추가하는 것으로 보완하고, 피해법인에 대해서는 특별한 사정이 없는 한 그 원천징수의무를 면제해 주는 것이 합당할 것이다. 미국, 독일, 일본 등의 입법례도 이에 부합한다.

　위법소득 과세제도의 전반적 개선을 위해서는 해외 입법례도 참고할 만하다. 순자산증가설을 채택하는 미국에서는 위법소득을 과세대상으로 긍정한 1961년 연방대법원의 James v. United States 판결 이래로 체계적으로 법령을 정비하여 왔다. 미국 세법은 원칙적으로 위법소득으로 얻은 금품이 반환되거나 배상되면 그 금액이 당해 연도 소득에서 차감되도록 하면서도, 예외적으로 몰수의 경우에만 비용 공제의 대상에서 제외하는 명문 규정을 두었다. 소득원천설을 채택한 독일에서는 조세기본법에서 위법소득에 대한 과세를 긍정한다는 명문 규정을 두어 해석을 둘러싼 문제를 해결했고, 위법한 행위에 의하여 얻은 이득을 반환하면 손실에 대한 취급의 예에 따르도록 하고 있다. 일본은 미국과 같이 위법행위로 얻은 소득도 원칙적으로 모두 과세대상으로 삼되, 몰수·추징 등으로 이득이 상실된 경우에는 경정청구 또는 감액경정 절차에 따라 납세자가 구제되도록 제도를 설계하고 있다.

그 반면, 현행 우리나라 세법은 위법소득 과세에 대한 많은 부분에서 침묵하고 있다. 그 귀속시기와 소득구분에 관하여 다툼의 소지가 많은 위법(違法)소득을 둘러싼 다양한 문제 상황을 해결하기 위해서는 해외의 입법례를 궁구하여 개별 법령에서 명확하게 규율하도록 하는 것이 바람직하다. 이러한 방안이 납세자의 불필요한 조세순응비용을 최소화하는 공평·타당한 합법(合法)과세의 첩경일 것이다.

긴급재난지원금과 과세소득의 범위

(2020. 05.)

　긴급재난지원금과 그 기부에 관한 논란이 뜨겁다. 긴급재난지원금에 관한 추가경정예산안과 기부금 법률이 국회를 통과하면서 이르면 오는 13일부터 전 국민이 4인 가구 기준 100만 원의 긴급재난지원금을 받게 될 전망이다. 공적 마스크 판매 5부제와 같이 출생연도를 기준으로 해당 평일에 신청할 수 있으며 3개월 내에 해야 한다. 11일부터는 카드사 홈페이지에서 온라인 신청을, 18일부터는 카드사와 연계된 은행 또는 우체국 창구에서 오프라인 신청을 각각 받는다. 지역사랑상품권이나 선불카드로 받는 경우에는 읍·면·동 주민센터에서 현장 수령도 가능하다. 3개월의 기간 내 지원금을 신청하지 않은 경우 기부 의사가 의제된다. 근로복지공단을 통한 모집 기부의 방식도 있는데, 이때는 고용보험기금의 수입으로 그 사용이 한정되고 제3의 단체에 대한 기부는 사실상 허용되지 않는다. 긴급재난지원금 기부는 선택사항이라고 하지만 각급 단체의 기부 행렬이 이어지고 있다.

　긴급재난지원금은 국가로부터 받는 보조금으로 과세대상소득이 아니다. 열거주의 과세원칙을 채택한 소득세법상 과세대상소득으로 명시돼 있지 않기 때문이다. 기부자에게는 국세의 연말정산이나 종합소득세 신고를 통해 15%의 기부금 세액공제 혜택이 부여된다. 당해 사업연도에 납부할 세액이 없더라도 추후 10년간 이월공제를 받을 수 있다. 이처럼 긴급재난지원금도 소득세제의 틀 안에서 운영되고 있다. 그 결과 국민에게는 4인 가구 기준 100만 원과 15만 원의 경제적 혜택이라는 선택지가 주어진 셈이다. 긴급재난지원금에 대한 조세정책 결정과정에서도 이를 고려했을 것이다. 만일 긴급재난지원금이 과세소득에 해당하고 중위 소득세율 35%가 적용된다면, 전액을 기부한 납세자는 혜택 대신 20만 원(=35만 원−15만 원)을 소득세로 추가 납부해야 한다. 과세소득의 범위에 대한 소득세제의 설계에 따라 기부자에 대한 세제상 처우가 현격히 달라지는 것이다.

소득세의 조세정책적 기능이 다양함에도 그 역사는 일천한 편이다. 소득세는 18세기말 영국에서 최초로 시행됐다. 1793년 나폴레옹 전쟁이라는 급박한 상황에서 기존의 관세 및 토지세 등으로는 전비 조달에 역부족이었다. 이에 1799년 영국 총리 윌리엄 피트는 비상수단으로 소득세를 도입했다. 그러나 당시 소득세는 신성한 소득에 대한 '악마' 같은 제도로 여겨져 엄청난 조세저항에 직면했다. 그때까지 각 개인이 어디에서 무슨 일을 해 얼마의 돈을 버는지는 사생활의 영역이었으나 소득세 도입 이후로는 납세자의 일거수일투족을 국가가 조사할 수 있게 됐기 때문이다. 최초의 소득세가 1802년 영·프 휴전조약 체결 직후 곧바로 폐지된 것은 당시 시대상을 단적으로 보여준다. 이후 영국에서 소득세가 재차 도입됐을 때는 시민들의 사생활을 침해하지 않도록 소득을 구분해 그 원천에서 세금을 징수하는 장치를 고안했고 그것이 바로 현대 원천징수제도의 모태가 됐다. 영국 정부는 연금, 이자, 임대료, 공무원 급여 등 고정적 소득을 과세대상으로 하고 은행이나 기업 등만을 관리해 시민들의 조세저항을 최소화하면서 소득세를 징수할 수 있게 됐다.

과세소득의 범위 설정은 역사적으로 난제다. 우리 법제는 물론 미국,

영국, 독일, 일본 등 어느 나라의 세법에서도 '과세소득' 정의 규정을 직접적으로 둔 경우는 찾기 어렵다. 연혁적으로 다양한 논의가 있지만 근자에 이르러서는 '재화 생산의 계속적 원천으로부터의 수익으로서 일정 기간 내 납세자에게 유입된 재화의 총량'을 소득으로 보는 소득원천설과 '일정 기간 내 납세자의 순자산 증가'로 파악하는 순자산증가설의 2가지 입장으로 대별된다. 미국과 일본이 순자산증가설을, 영국과 독일이 소득원천설을 취했다고 평가된다. 그러나 전통적인 소득원천설을 취한 입법례는 극히 드물고 순자산증가설적 요소를 가미한 '포괄적 소득개념'의 바탕 위에 소득세제가 구축되고 있다. 순자산증가설이 더 정확히 담세력을 측정할 뿐만 아니라 수평적 공평을 달성할 수 있다고 보기 때문이다. 다만 순자산증가설을 취한 국가도 사생활의 영역을 전면적으로 들여다보지는 않고 일정한 제한을 설정하고 있다. 우리나라는 이자소득, 배당소득, 사업소득, 근로소득, 연금소득, 기타소득을 종합과세하고 퇴직소득, 양도소득을 분류과세하며 일부 금융소득을 분리과세하므로 소득원천설의 입장에서 설계됐다고 평가된다. 그러나 이자소득 등에 대한 유형별 포괄주의 과세조항을 둠으로써 포괄적 소득개념에 한층 가까워지는 추세다.

납세자의 다양한 경제적 이익이 과세소득을 구성하는지에 대해서는 흥미로운 사례가 많다. 그중에서도 사업주가 근로자에게 제공하는 주차 공간이나 점심 식사가 급여에 포함돼 근로소득에 해당하는지의 부가급여(fringe benefit) 과세문제가 주목된다. 미국에서 1913년 소득세가 최초 도입될 당시 과세당국은 철도회사의 근로자가 사용자로부터 제공받는 저녁 식사와 무료 철도승차권은 과세소득에서 제외된다고 유권해석을 내린 바 있다. 미국 항소법원은 1937년 하와이에서 호텔 매니저로 근무한 직원이 제공받은 식대 및 숙박용 스위트룸은 고용주의 편의를 위한 것이고 그러한 경제적 이익이 우연적인 것이라는 이유에서 과세소득이 아니라고 판단했다. 이후 1984년 미국세법이 개정돼 부가급여가 과세대상소득으로 규정됐다. 그러나 명문 규정으로 다수의 예외를 두고 있다. 단적으로 직원에 대한 사업장 내 식사와 숙박 제공, 할인 판매 허용, 통근비와 이사비 보조 등은 근로자의 과세소득에서 여전히 제외된다. 우리나라에서도 이러한 부가급여에는 대부분 광범위한 비과세가 적용되고 있다.

오늘날 소득세제에 관한 전 세계적인 논의 방향은 포괄적 소득개념에 입각한 '넓은 세원, 낮은 세율'의 원칙으로 요약된다. 우리나라는 법인세제에서는 순자산증가설을 채택하면서도 소득세제에서는 소득원천설의 기조를 유지하고 있다. 글로벌 스탠더드와 공평의 원칙에 부합하도록 소득세제도 그 과세소득의 범위를 넓혀가는 것이 필요하지만 그 과정에서 야기되는 개인의 자유 침해에 대한 목소리에도 귀를 기울여야 할 것이다. 예컨대 연말정산 과정에서 납세의무자가 개인의 가족관계, 건강, 재산, 종교, 교육 정보, 정치 성향 등을 공개할 수밖에 없어 사생활의 자유가 침해된다는 지적도 일리가 있다. 공평과세의 원칙에 입각한 소득세제의 2세기가 넘는 여정에는 근대 민주주의의 역사가 함축돼 있다고 해도 과언이 아니다. 당장의 편의를 위한 고식지계(姑息之計)보다는 '형평의 이념'과 '개인의 자유'라는 가치의 형량을 통해 과세소득의 개념을 정비하는 격물치지(格物致知)의 지혜가 긴요한 시점이다.

금융세제 개편안과 이원적 소득세제

(2020. 07.)

　지난 22일 기획재정부는 세제발전심의위원회를 열고 2020년 세법 개정안을 발표했다. 다양한 개정안 중에서도 별도 세목으로 금융투자소득세를 도입하고 증권거래세를 인하하는 금융세제 개편안이 단연 눈에 띄었다. 금융투자소득세의 기본공제액은 5,000만 원이고, 현행 0.25%의 증권거래세가 2021년에 0.23%, 2023년에 0.15%로 단계적으로 인하된다. 2023년부터는 과세기간 중 자본시장법상 금융투자상품에서 실현된 모든 소득과 손실을 합산해 20%(3억 원 초과분은 25%)의 세율이 적용돼 금융투자소득으로 분류과세된다. 금융투자소득은 이익이 다년간 누적돼 발생하고 금융투자의 손실가능성을 고려해 종합소득과 별도로 구분한 것이다. 금융투자소득에서 결손금이 발생하는 경우에는 5년간 이월공제가 허용된다는 점도 특징적이다. 금융투자소득은 원칙적으로 금융회사를 통해 반기별로 원천징수된다. 나아가, 2023년부터 펀드의 모든 손익을 금융투자소득에 포함시키고, 펀드와 다른 투자소득간 손익의 통산도 허용 예정이다.

　현행 소득세법은 별도 세목으로 분류과세되는 퇴직소득과 양도소득을 제외한 이자소득, 배당소득, 사업소득, 근로소득 등 6가지 유형의 소득을 합해 '종합소득'으로 과세한다. 다만, 금융투자에서 발생하는 이자소득 및 배당소득 등 금융소득 합계액이 2,000만 원 이하일 경우 14%의 세율로 완납적 원천징수로 과세를 종결하는데 이를 '금융소득 분리과세'라 한다. 그러나 위 합계액이 2,000만 원을 넘는 경우 그 초과 부분은 다른 소득과 합산해 종합소득세 누진세율이 적용된다. 한편, 금융투자에서 발생하는 양도소득은 비상장주식과 대주주의 상장주식 양도차익에 한해 과세되고 있는데 상장 여부, 보유 기간, 지분 비율 등을 고려해 10~30%의 차등적인 양도소득세율이 적용된다. 또한, 주식 양도에 대해서는 양도인에게 증권거래세가 부과되는데, 코스피, 코스닥 등 상장주식은 0.25%, 비상장주식은 0.45%의 세율이 적용된다. 2019년 국세통계연보 기준 증권거래세와 관련 농어촌특별세를 합치면 약 8조 2,000억 원으로 연간 국세 293조 5,000억 원의 3% 가까이 차지할 정도로 증권거래세는 중요한 세목이기도 하다.

　오늘날 금융세제에 대한 전 세계적인 흐름은 금융소득의 통합적인 과세기반 마련을 전제로 한 이원적 소득세제의 도입이다. 금융소득의 통합적 과세는 금융자산의 이자소득·배당소득 및 양도소득을 점진적으로 통합해 포괄과세를 도입하거나 확대하고 그 대신 증권거래세는 인하하거나 폐지하는 것을 그 내용으로 한다. 이를 바탕으로 소득을 자본소득과 노무소득으로 양분해 전자에는 단일세율로 과세하고 후자에는 누진세율을 적용하는 것이 이원적 소득세제다. 당초 스웨덴 등 북구 국가들에서 시작해 영국, 독일, 프랑스 등 서유럽 국가들로 확산돼 일본에까지 이르렀다. 이원적 소득세제는 소득자와 금융자산의 이동이 자유로운 상황에서 특정인에게 일정기간 귀속되는 금융소득을 일관성 있게 산정해 누진세율을 적용하는 것이 불가능하다는 인식에서, 일률적으로 일정한 세율에 의해 원천징수함으로써 세수확보와 효율성의 양수겸장(兩手兼將)을 달성했다고 평가된다.

　기존에 비과세된 소액주주의 상장주식 양도차익을 과세 대상으로 삼고 금융자산의 양도소득을 별도의 금융투자소득으로 분류해 과세하는 금융세제 개편안은 금융소득의 통합적 과세 기초를 마련한 것으로 우리나라 소득세 역사상 중요한 의미가 있다. 기본공제금액 연간 5,000만 원, 증권거래세 인하, 손실과의 전면 통산 및 5년간 이월공제는 금융소득에 대한 우호적 과세를 지향하는 글로벌 스탠더드에 부합하는 것으로 이원적 소득세제의 단초를 연 것으로 평가할 만하다.

다만 이원적 소득세제가 제대로 자리잡기 위해서는 우선 증권거래세의 추가적 완화 또는 폐지가 필요하다. 독일, 스웨덴은 1991년, 일본은 1999년 각각 증권거래세를 폐지했다. 미국은 애당초 거래세를 두지 않고 양도소득에만 과세한다. 금융투자소득세의 세수 효과가 불확실한 상태에서 증권거래세를 곧바로 폐지하기 어려운 사정은 이해되지만 양자의 세목을 동시에 유지하는 것은 금융자산 거래의 과도한 부담으로 작동할 수 있다.

다음으로 상장주식에 대한 대주주 과세의 폐지도 요청된다. 이 제도는 상장주식에 대한 과세범위 확대를 위해 도입됐는데 상장주식에 대한 전면적 과세가 실시되는 마당에 이를 유지할 실익은 적다고 하겠다. 또한 장기적으로는 배당소득·이자소득과 양도소득에 대한 과세의 중립성을 유지하는 문제도 중요하다. 배당소득·이자소득 및 양도소득은 경제적으로 유사한 금융소득의 회수 방식 차이에 따른 것이지만 전자는 2,000만 원 초과 부분이 누진세율로 과세되는 반면 후자는 5,000만 원 초과분에 대해 단일세율이 적용되므로 후자의 방법을 택할 유인이 강하다.

금융세제 개편안에 대해서는 증권거래세 인하 정도가 적고 기본공제의 확대로 과세범위가 협소하다는 이유로 반쪽짜리 개편안이라는 지적도 있다. 그러나 이번 금융세제 개편안은 금융소득 과세의 큰 방향성을 제시했다는 점에서 출발 자체로도 그 의미가 중차대하다. 다른 나라들도 이원적 소득세제 등을 도입하면서 각국의 고유한 시장 상황 등을 고려하면서 점진적 방법으로 추진한 것처럼 향후 발생하는 문제점을 보완하는 방식으로

등고자비(登高自卑) 해야 할 것이다. 금융세제 개편안의 향후 추이가 주목
된다.

07

1세대 1주택 비과세와 양도소득세

(2020. 11.)

　주택시장의 안정화를 위해 주택의 취득과 보유 및 양도단계에서 조세부담을 강화하는 7·10(2020년 7월 10일) 부동산대책이 순차 발효 중에 있는데, 1세대 1주택에 대한 양도소득세에서도 큰 변화가 예상된다. 1세대 1주택에 대해서는 1세대가 2년 이상 보유하는 1주택으로서 실거래가가 9억 원을 초과하는 고가주택에 해당하지 않으면 전액 비과세의 혜택이 주어진다. 만일 고가주택이더라도 인플레이션을 고려해 양도차익의 최대 80%까지 장기보유특별공제(특별공제)가 적용된다. 예전에는 주택의 양도소득세율은 2년 미만 보유시 40%, 1년 미만은 50%였고, 다주택자에 대해서는 2주택은 10%, 3주택 이상은 20%의 중과세율이 추가됐는데, 위 부동산대책에서 특별공제의 적용요건 및 단기보유와 다주택자에 대한 양도소득세율이 대폭 변경되었다. 또한, 종전에 주택 수에서 제외되던 분양권이 입주권과 마찬가지로 다주택 산정에 포함된 점도 주목된다.

　7·10 부동산대책에서는 우선, 1세대 1주택에 대한 특별공제요건에 거주요건이 추가돼 그 혜택이 크게 감소됐다. 종전에는 보유기간에 따라 연 8%의 공제율이 적용됐으나 거주요건이 추가되면서 보유기간 연 4%, 거

주기간 연 4%로 변경돼 비거주자의 공제비율은 사실상 반타작 됐다. 8·
2(2017년 8월 2일)부동산대책에서 서울 전역과 경기 일부 등의 조정대상
지역에 대해 1세대 1주택 비과세 요건으로 2년의 거주요건이 추가됐는데,
거주요건이 특별공제에도 도입된 것이다. 또한, 단기보유 주택에 대한 양
도소득세율도 20%씩 인상돼 1년 미만 보유는 70%, 2년 미만 보유는
60%의 세율이 각각 적용되고, 다주택자에 대한 중과세율도 10%씩 인상
돼 2주택자는 20%, 3주택 이상은 30%의 추가세율을 부담해야 한다. 단
기간내 매물 유도를 위해 거주기간과 분양권 부분은 2021년 1월 1일 이
후 양도분부터, 세율 부분은 2021년 6월 1일 이후 양도분부터 각각 적용
된다. 결국, '1세대 1주택'에 대해서도 조정대상지역 주택에 대해 비과세
요건으로 추가된 거주요건이 이번에는 특별공제요건에 도입됐고 주택수
의 산정에 분양권이 포함됐으며 단기보유에 대한 양도소득세율이 대폭 인
상돼 그 과세혜택의 범위와 정도가 현저하게 줄어들게 되었다. 가히 1세
대 1주택에 대한 양도소득세에서도 전방위적 압박의 형국이다.

1세대 1주택 비과세는 1975년 양도소득세제의 도입과 더불어 시행됐을
만큼 양도소득세제와 그 역사를 같이 한다. 1세대 1주택에 대한 비과세는
중산층 및 서민의 주거생활 안정, 헌법상 거주·이전의 자유 보장에 그 목
적이 있다. 1세대라 함은 가족과 함께 구성하는 집단을 일컫는다. 1세대
는 거주자와 그 배우자로 구성되어야 하는데 이는 부부가 주민등록의 분
산을 통해서 각자 1세대를 구성하는 것을 방지하고자 함에 있다. 다만,
배우자가 사망하거나 이혼한 경우, 거주자의 연령이 30세 이상인 경우,
소득이 일정 수준 이상으로 주택이나 토지를 관리·유지하면서 독립적으
로 생계를 유지할 수 있는 경우에는 배우자가 없더라도 1세대로 인정된
다. 주택이란 주거용으로 사용하는 건물과 이에 부수되는 건물 정착면적
의 5배 이내의 토지를 말한다. 거주이전, 상속, 혼인 등에 따라 일시적으
로 2주택이 된 경우에는 특정한 요건을 충족하는 것을 전제로 1세대 1주

택 비과세 혜택을 예외적으로 부여하고 있기도 하다. 다만, 2주택을 보유하던 1세대가 1주택을 양도한 뒤 비과세 혜택을 받기 위해서는 잔여주택의 보유기간은 당초 취득일이 아니라 1주택이 된 날부터 계산한다는 점에 유의를 요한다.

현행 1세대 1주택 비과세와 주택의 양도소득세에 관해서는 다수의 문제점이 제기되고 있다. 먼저, 주택의 가액이 아닌 주택의 수를 기준으로 비과세 혜택을 부여하다 보니 9억 원 주택을 1채 보유하다 처분한 경우에는 비과세 혜택을 받지만, 1억 원짜리 주택을 3채 보유하다 1채를 처분하는 경우에는 양도소득세를 납부해야 하는 경우가 발생할 수 있다. 주택의 규모나 가액보다도 주택의 수에 따라 과세나 비과세 여부를 결정하는 현행 세제는 공평의 원리 또는 응능부담원칙에 반한다는 비판이다. 해외의 입법례에서는 찾기 어려운 세대(世帶) 개념을 설정해 1세대 1주택에 대해서만 비과세 혜택을 부여해 다주택자들의 경우 이혼 및 자녀의 분가를 통한 세대분리의 유인을 제공하게 돼 혼인과 가족생활 보장이라는 헌법적 가치에 반한다는 지적도 있다. 보유기간에 따른 비과세 효과를 전부 또는 전무(all-or-nothing) 식으로 규정함으로써, 주택의 양도사유가 발생했음에도 억지로 결국 그 보유기간을 충족하기 위해 매매를 늦추게 해 의도치 않은 동결 효과(lock-in effect)를 낳는다는 문제점도 지적된다. 더욱이 특별공제요건에 일률적으로 거주요건을 둔 것은 부득이한 사유로 인한 거주이전에 대한 고려가 없고 충분한 경과기간도 두지 않아 납세자의 신뢰를 보호하지 못했으며 1세대 1주택에 대해 특별공제의 인플레이션 조정기능을 인정하지 않는 것은 지나치게 과도하다는 지적도 타당하다.

사람이 혼인해 자식을 낳고 부모를 봉양하며 일평생을 살면서 주택을 보유하고 양도하는 수나 규모 등은 천차만별일 텐데 이를 획일적인 잣대로만 세법에서 규정한다는 것은 무리가 있다. 개인별로 비과세를 받은 주택의 양도소득을 마일리지화해 생애별 비과세 한도액(credit)을 설정하는 방법이나, 과세단위를 개인, 부부 또는 세대 중 어느 것으로 할 것인지에 대한 선택권을 납세자에게 부여하거나, 가족수가 많은 경우에는 그 수에 비례하여 비과세되는 주택의 수나 가액을 증가시켜 과세의 형평을 도모할 필요도 있다. 보유 주택이 여러 채이더라도 합리적 사유가 있고 합산가액이나 양도차익 일정금액 이하라면 1세대 1주택에 준하는 비과세 혜택을 부여하는 것이 구체적 타당성에 부합할 것이다. 주택시장의 안정화라는 국가 주택정책 목표를 달성하고 헌법상 거주·이전의 자유와 혼인과 가족 생활의 보호를 실현하기 위하여 1세대 1주택 과세제도에 대한 총체적 검토가 필요한 시점이다.

08

가상화폐 과세와 줄탁동시(啐啄同時)

(2021. 05.)

　가상화폐 투자 광풍 속에 제도편입과 규제에 대한 논의가 뜨겁다. 가상화폐 투자자는 500만 명을 넘어섰고 하루 코스피의 2배에 이르는 30조 원 가량이 거래되고 있다. 당국의 허가 없이 설립되는 국내 가상화폐 취급 사업자는 현재 빗썸, 업비트, 코인원, 코빗 등 거래소를 중심으로 무려 220여 곳으로 추정된다. 가상화폐는 그간 자산성 여부나 법적 지위, 소관 부처가 명확하지 않다가 올해 3월 시행된 특정금융정보법에 의해 법체계 내로 편입됐는데, 거래소 인가 및 은행의 거래소 계좌에 대한 실명 확인이 제도의 요체다. 지난 7일에는 거래업자의 등록 의무, 사업자의 해킹 방지 의무 및 손해배상책임, 고객 예치금에 대한 사업자의 보호 의무 등을 규정한 가상자산입법안이 발의되기도 했다.

　제도편입과는 달리 가상화폐 과세는 선도적이다. 정부는 2017년부터 과세 방침을 표명하다가 2020년에는 세법을 개정해 내년 1월 1일부터는 가상자산을 양도 또는 대여해 얻은 소득이 연간 250만 원의 기본공제액을 초과하면 이를 '기타소득'으로 분류해 20% 세율로 분리과세 할 예정이다. 최근 한 여론조사에서는 가상화폐 과세에 대한 찬성의견이 53.7%, 반대 입장이 38.8%로 나타났다. 과학기술 발달로 생성된 신규자산에 대한 투자자 보호와 규제를 위한 법체계 내 포섭의 요청 목소리가 높아 국회의 입법과 과세당국의 법 집행, 관련업계 및 투자자의 협력이 긴요한 시점이다.

가상화폐는 그 개념에 대한 보편적 정의가 마련돼 있지 않다. 특정금융 정보법에서는 가상자산을 경제적 가치를 지닌 것으로서 전자적으로 거래될 수 있는 전자적 증표 및 그에 관한 모든 권리라고 정의하고 있다. 현재 전 세계 가상화폐의 수는 2년 전에 비해 4배 가량 증가해 1만 개에 육박하고 있고, 비트코인과 이를 제외한 알트코인으로 구분된다. 시장가치 기준으로 비트코인 그리고 이더리움, 바이낸스코인, 도지코인, 테더코인 순이며 시가총액은 약 2,739조 원, 1일 거래액은 약 240조 원에 달하고 있다. 가상화폐는 통상적으로 채굴, 전자지갑 저장 및 거래의 단계를 거치며, 가상화폐거래 참여자들의 거래 이력이 블록으로 묶여 기존에 블록화돼있는 거래 이력에 연결되는 블록체인 기술을 통해 거래 이력의 진위를 검증하면서 자연스럽게 보안이 강화되는 형태를 취한다.

가상화폐에 대한 과세는 크게 소득과세와 소비과세로 대별된다. 우선, 소득과세를 보면 가상자산의 소득금액은 가상자산거래로부터 발생한 총 수입금액에서 필요경비를 차감해 기타소득으로 과세되는데, 채굴과정에서 발생하는 전기요금은 필요경비로 인정돼 과세대상소득에서 차감된다. 위와 같이 산정된 가상자산소득은 20%의 단일 세율로 분리과세되고, 1년의 과세기간 내 여러 가상자산에서 발생한 손익의 통산이 허용되며 과세 기간별로 250만 원 이하의 이익은 과세에서 제외된다. 과세방식은 원천징수 대신 연 1회 신고·납부 방식을 택하고 있다. 이외에도 개정세법은 비거주자에 대한 가상자산 인출시점과세, 해외금융계좌 신고대상에 해외 가상자산 거래계좌의 포함 등을 담고 있다. 다음, 소비과세에 관해서는 가상화폐로 상품을 구입한 경우 현금영수증 교부 대상이 아니라거나 가상자산이 사업자가 공급하는 재화가 되면 부가가치세 납세의무가 성립한다는 원론적 유권해석만 있을 뿐, 채굴 및 거래행위를 직접 규율하고 있지는 않다.

가상화폐에 대한 과세제도는 각국마다 차이가 있으나, 소득과세는 사업소득 또는 양도소득으로 과세하고, 소비과세는 면세하는 것이 일반적이다. 미국에서는 가상화폐를 자산으로 보아 가상화폐의 양도소득은 양도소득세의 대상이 된다. 또한 가상화폐의 채굴을 사업적 채굴과 비사업적 채굴로 구분해 전자는 사업소득으로, 후자는 일반소득으로 구분해 과세한다. 소비세는 주별로 다르나 뉴욕주 등 대부분 주에서는 가상화폐를 무형자산으로 보아 판매세를 부과하지 않는다. 유럽연합은 유럽사법재판소의 결정에 따라 가상화폐의 매매에 대해 부가가치세를 면제하고 있다. 일본에서는 가상화폐 거래소득은 원칙적으로 잡소득으로 분리과세되는데, 최고 50%의 7단계 누진세율이 적용된다. 일본에서는 초기 가상화폐 판매도 소비세 과세대상으로 보았으나 2017년 소비세법 개정을 통해 과세대상에서 제외했다.

이익이 있는 곳에 과세해야 한다는 담세력 원리에 따라 가상자산에 투자해 얻은 소득에도 세금을 부과하는 것이 조세정의에 부합한다는 점을 부인하기는 어렵다. 다만, 제도편입의 초기임에도 가상화폐 거래에 대해 바로 정식의 소득과세를 도입하는 것은 시기상조일 수 있다. 우선 거래세 위주로 과세를 하고 본격적인 소득과세는 그 추이를 지켜보면서 추진하자는 지적도 일리가 있다. 가상자산 거래소득의 실질을 양도소득으로 보면서도 기타소득으로 분류하는 것은 오히려 글로벌 스탠더드에 부합하지 아니한다는 비판도 있다. 같은 투자소득임에도 5,000만 원을 비과세하는 금융투자소득과 달리 가상자산에 대해서는 250만 원의 기본공제만을 허용하는 것은 지나치게 적다는 견해도 있다. 가상자산 거래소득을 양도소득으로 보아 이월결손금 공제를 허용하거나, 2023년부터 도입될 금융투자

소득으로 분류하는 대안도 고려해 볼 수 있다. 또한, 가상자산채굴에 소
요된 전기료를 필요경비로 공제한다고 하면서도 가상자산채굴 사업자와
비사업자를 동일하게 취급하는 과세방식도 보다 정치하게 정비할 필요가
있다. 또한, 현행 소비세제는 아직 가상자산의 거래에 대해 침묵하고 있
으나, 해외 입법례를 본떠 거래소에서의 가상화폐 구입을 면세거래로 명
시하는 것이 예측 가능성의 제고에 기여할 것이다. 가상자산 투자자와 거
래 규모가 제도권 금융시장과 맞먹는 시점에서 담세력 원리에 부합하는 과
세제도를 구축하는 것도 중요하지만 투자자 보호에도 소홀하지 않도록 과
세체계 정립에 관한 줄탁동시(啐啄同時)의 리더십이 발휘돼야 할 적기다.

04

소비세
산책

01
부가가치세 도입 40주년 회고
(2017. 10.)

우리나라 세제사에 큰 획을 그은 부가가치세가 올해로 40회 생일을 맞이했다. 부가가치세는 엔지니어 출신 Maurice Lauré가 창안해 1954년 프랑스에서 세계 최초로 입법화된 세목이다. 1968년 유럽경제공동체(EEC) 가맹국 세제의 조화를 목적으로 하는 로마조약이 체결되면서 유럽 각국에서 본격적으로 도입됐다. 1980년 이전에는 유럽국가 위주로 27개국이 부가가치세를 도입했으나 2017년 현재 160여개 관할에서 이를 시행하고 있으니 상전벽해다.

부가가치세가 단기간 내 전 세계 주요 세목으로 자리잡게 된 이유는 세금계산서 수수를 통한 사업자간 상호감시가 세수창출로 연결되기 때문이다. 부가가치세 납부세액은 매출세액에서 매입세액을 공제하는 전단계세액공제법에 따라 산정된다. 매입세액은 세금계산서에 의해 증명되므로 사업자는 매입세액 공제를 위해 거래 상대방에게 세금계산서 교부를 요구한다. 그 과정에서 사업자의 매출이 순차로 노출돼 부가가치세뿐 아니라 소득세나 법인세 탈루도 방지돼 국가의 세수확보로 이어진다.

우리정부는 1960년대 후반 부족한 재정수요에 대처하기 위해 다수의 간접세를 도입했으나 별다른 효과를 보지 못했다. 이에 1970년대 초반부터 국제통화기금(IMF)의 조세전문가 James Duignan과 Alan Tait의 자문을 받아 부가가치세 도입을 적극 추진했다. 그 결과 1976년 11월 17일 영업세, 물품세 등 8개의 간접세를 하나로 묶고 부가가치세를 도입하는 법안이 국회를 통과했고, 1977년 7월 1일부터 시행됐다. 비유럽국가인 우리나라의 부가가치세 도입은 당시로서 획기적인 것이었다. 부가가치세 세수는 1978년 8,000억 원이었으나 2016년에는 61조 원이 징수됐고, 총 국세수입에서도 26.5%를 차지하고 있다. 부가가치세 도입시 찬반양론이 거셌으나 성공적 정착을 넘어 세수견인의 원동력이 되고 있다. 실로 선견지명 있는 조치였다.

부가가치세에서는 세금계산서가 중추적 역할을 담당한다. 세금계산서 수수질서를 담보하기 위해 도입 초기부터 세금계산서 발급의무를 위반한 납세자에 대해 매입세액 불공제 및 가산세 부과의 경제적 불이익과 함께 형사처벌까지 지웠다. 매입세액 불공제는 매출세액 전부를 고스란히 공급자가 부담하게 하는 징벌적 성격을 가진다. 10~40%의 무신고·과소신고 가산세, 연 10.95%의 미납부가산세, 공급가액 2%의 세금계산서 불성실가산세 등 10여 개 가산세 항목의 부담도 과중하다.

특히 세금계산서 발급의무 위반은 그 자체로 형사처벌 대상이 된다. 세금계산서 미수수나 가공세금계산서의 수수는 1년이나 3년 이하의 징역 또는 부가가치세액 2배나 3배 이하의 벌금에 처해진다. 나아가, 세금계산서의 공급가액이 30억 원이나 50억 원 이상이면 1년이나 3년 이상의 유기징역과 부가가치세액 2배나 5배 이하의 벌금도 병과되는 가중처벌을 받는다. 양벌규정에 따라 법인도 같이 처벌된다. 2014년부터는 국세청이 매년 조세포탈범의 명단도 공개하고 있다. 그야말로 가중처벌이 아닐 수 없다. 실무적으로 사법상 진성거래에서 수수된 세금계산서도 세법상 견해를 달리해 가공세금계산서로 보고 부가가치세를 추징하고 형사처벌하는 경우도 있다.

초창기 세금계산서 발급의무 위반자에 대한 강력한 규제 필요성이 있었음을 부인할 수 없다. 하지만 거래 정보가 효과적으로 파악되고 있는 오늘날에도 당초의 무거운 제재와 실무관행을 그대로 유지하는 것이 바람직한지는 의문이다. 전자세금계산서제도도 도입됐고 신용카드 소득공제, 현금영수증제도도 효과를 거두고 있다. 이를 반증하듯 잠재세수 대비 실적치 비율인 부가가치세 세수율이 70%로 경제협력개발기구(OECD) 평균치 55%를 상회한다. 영국은 미신고 가산세에 대해 첫 1년은 면제하고 2%, 5%, 10%, 15%로 5년간만 매년 순차 증액하며, 독일은 10%나 최대 2만 5,000유로라는 한도를 설정하고 있다. 영국, 독일, 호주는 부가가치세 위반행위 대부분에 대해 행정상의 과태료 처분만 하고, 중대한 조세탈루의 경우에만 형사처벌을 한다. 세금계산서 발급의무에 대한 규제 근간은 유지하되 그 효익에 비해 납세자에게 과중한 부담을 지우는 법령과 실무는 없는지 뒤돌아봐야 할 시점이다. 불혹의 나이에 걸맞은 부가가치세의 새로운 모습을 기대해 본다.

02

담배세와 두 마리 토끼

(2018. 10.)

올해부터 전자담배에 부과되는 개별소비세, 담배소비세, 국민건강증진부담금 등 담배세가 일제히 인상됐다. 2014년 담배세 대폭 인상의 후속조치로 전자담배의 제세금 부담이 일반담배보다 현저히 낮다는 지적에 따른 것이다. 당시 우리나라 흡연율의 지속적 상승에 대한 대책의 일환으로 일반담배 1갑 기준 조세 및 부담금이 포함된 전체 가격을 2,500원에서 4,500원으로 인상했다. 지방세인 담배소비세 및 각종 부담금의 대폭 인상과 국세인 개별소비세의 신규 도입으로 요약된다.

그에 따라 우리가 4,500원짜리 담배 1갑을 사면 담배소비세 1,007원, 국민건강증진부담금 841원, 개별소비세 594원, 지방교육세 443원, 부가가치세 409원, 폐기물부담금 24원, 연초안정화기금 5원을 부담하게 된다. 세금 및 부담금을 합친 금액이 무려 3,323원(73.8%)에 달한다. 판매가격의 4분의 3을 차지하는 담배세는 휘발유 1ℓ 판매가격 1,475원 중 세금 575원(39.0%), 소주 1병 판매가격 1,015원 중 세금 476원(46.9%)과 비교해도 매우 과도한 느낌이다.

고율의 담배세는 특유한 2가지 기능에 그 정당성의 기반을 두고 있다.

첫째는 국민의 금연을 유도해 국민건강의 증진에 이바지하고, 둘째는 지방자치단체의 안정적인 재정에 기여한다는 것이다. 세계 각국도 유사한 근거에서 담배 판매가격을 높게 유지하고 있다. 우리나라 담배가격은 2017년 기준 일본의 5.3달러와 비슷하고, 미국 뉴욕주 12달러, 영국 11달러, 싱가포르 9.7달러, 프랑스 8.3달러, 독일 6.9달러에 비하면 낮은 수준이다. 이와 관련해 올해 9월 국회예산정책처에서 2014년 담배세 인상 이후의 흡연율 감소 및 세수증대 효과를 분석한 자료를 공개했는데, 그 결론이 매우 흥미롭다. 2014년 담배세 인상으로 우리나라 성인 흡연율은 2015년에는 39.4%로 전년도 대비 2.8% 감소했다가 그 이듬해인 2016년에는 다시 40.7%로 증가했다. 반면 신설된 개별소비세의 징수세액은 2015년 1조 7,000억 원, 2016년에는 2조 2,000억 원, 2017년에는 2조 1,000억 원으로 급격하게 증가했다. 결과적으로 담배세 인상은 금연에는 큰 효과를 거두지 못한 반면, 국가 세수의 측면에서는 당초 예상을 상회하는 성과를 거둔 것이다.

담배판매로 거두어들이는 담배소비세는 3조 7,000억 원, 개별소비세는 2조 2,000억 원, 국민건강부담금 3조 원으로 합계 약 9조 원에 이른다. 참고로 2016년 국세청의 세수는 약 233조 원으로 그중 소득세가 약 70조 원(30.1%), 법인세가 약 52조 원(22.3%), 부가가치세가 약 62조 원(26.4%)을 차지한다. 한편 지방세 총계는 약 75조 원으로 그중에서는 취득세가 21조 원(28.7%), 지방소득세가 약 13조 원(17.3%), 재산세가 약 10조 원(13.1%), 자동차세가 약 7조 5,000억 원(10.0%)이다. 담배세가 국세와 지방세의 주요 세목들의 세수에는 미치지 못하지만 국세에서 차지하는 개별소비세(담배분) 2조 2,000억 원은 상속세의 1조 9,000억 원, 종합부동산세의 1조 2,000억 원을 각각 상회하는 수치이고, 증여세의 3조 3,000억 원에는 약간 미치지 못하는 수준이다. 차순위 국세 세목의 드러나지 않는 선두 주자라고 할 만하다. 지방세에서도 담배소비세는 3조 7,000억 원을 거두어들여 지방세 중 독립세만을 떼어놓고 보면 취득세, 재산세, 자동차세 다음으로 높은 비중을 차지하고 있다. 지방자치단체 세원의 약 절반을 의존재원인 지방교부금과 국조보조금 등이 차지하고 있는 현 실정에서 담배소비세가 지방정부의 자주재원으로서의 중요한 기능을 수행하고 있는 것이다.

특히 주목해야 할 것은 국민건강증진부담금이다. 담배 1갑에 포함된 약 840원의 부담금으로 2017년 기준 약 3조 원의 국민건강증진기금이 조성됐다. 국민건강증진기금은 그 전액이 담배판매로 발생하는 부담금으로만 조달됨에도 불구하고 그 재원은 국민건강보험의 일반재정으로만 주로 사용돼왔다. 흡연자들이 부담한 돈이므로 그 일부라도 흡연율을 낮추고 흡연질환으로 고생하는 환자들을 위해 지출되는 것이 보다 타당하다. 그 좋은 예로, 2017년부터 30년 이상 담배를 피워 온 55세 이상 74세 이하의 흡연자들에게 무료 폐암검진이 이루어지고 있다. 한국건강증진개발원이 운영하는 금연지원센터나 각 지방자치단체가 운영하는 금연클리닉도 보다 더 활성화시키는 것이 필요하다. 그 재원은 국민건강증진기금을 적극 활용하고, 부족한 부분이 있다면 담배소비세나 개별소비세에서도 일정 부분을 조달하는 것도 고려할 만하다.

담배는 우리 역사 속 유구한 '전매(專賣)'제도와 역사를 같이하고 있다. 고려시대, 조선시대, 일제강점기를 거쳐 정부 수립 이후 1997년까지 담배의 제조·판매 권한은 국가에 독점돼왔다. 소금의 전매제도가 1962년까지, 홍삼의 전매제도가 1996년까지 유지된 것과 비교하면 가장 오랜 시간 국가가 독점해온 산업이다. 당초 담배소비세는 1984년 농지세를 수입과세에서 소득과세로 전환하는 과정에서 결손이 생긴 지방세수를 보전하기 위한 목적에서 도입됐는데, 지금까지의 현황 및 통계를 보면 담배세는 이와 같은 국가 및 지방재정 조달목적은 200% 달성한 듯하다. 그러나 그 목적의 하나인 담배세를 통해 국민건강에 이바지하는 측면은 다소 부족하다. 금연억제의 효과를 달성하기 어렵다면 흡연자들에 대한 다른 방식의 지원이라도 적극 검토해야 할 것이다. '재정조달'이라는 집토끼를 지키면서, '국민건강보호'라는 산토끼를 잡는 묘책이 필요한 시점이다.

03

주세(酒稅)와 중용(中庸)

(2019. 03.)

　3월은 '술자리의 달'이다. 신학기를 맞아 새내기들은 청운의 꿈을 안고 대학생활을 시작하고, 직장인들도 정기인사로 새로운 사람들과 관계를 맺게 된다. 첫 만남의 어색함을 털어내고 서로 가까워지는 데 술이 기여하는 순기능을 부인하긴 어렵지만 파생되는 역기능도 간과할 수 없다. 요즘 대학에서는 새내기들의 음주사고를 줄이기 위해 '새내기 새로 배움터'라는 오리엔테이션 자리에서 색깔이 다른 팔찌를 착용하거나 옷에 스티커를 붙여서 자신의 주량을 나타낸다고 한다. 밀레니엄 세대가 대학생이 된 오늘날 음주문화의 발전상을 보여주는 것으로, 신입생들 간 친목 도모를 위해 술을 활용하되 불상사는 방지하는 음주문화의 '중용의 미덕'이 돋보이는 대목이다.

　그런데 우리가 마시는 맥주와 소주 가격의 절반 정도가 세금이라는 사실을 아는 사람은 많지 않다. 2017년 기준 주세의 세수는 약 3조 2,754억 원으로 전체 국세 세수의 약 1.2%이다. 최근 11년간 걷힌 주세 31조 6,320억 원 중 맥주가 14조 6,228억 원, 소주가 11조 5,999억 원으로 82.8%를 담당했다고 하니 소맥공화국에서는 '애주(愛酒)'가 '애국(愛國)'이라는 말도 틀린 말은 아닌 것 같다. 우리나라 주세 체계상 맥주, 소주, 위스키, 와인 및 전통주 중 증류식 소주에는 각각 72%의 주세가 붙는다. 전통주 중 청주, 약주에는 각각 30%, 막걸리에는 5%의 세율이 적용된다. 흔히들 '서민의 술'이라고 하는 맥주와 소주에 출고원가의 72% 주세가 부과되고 주세액의 30%만큼의 교육세, 출고원가, 주세 및 교육세 합계액의 10%의 부가가치세가 추가로 병과된다. 조세부담의 역진성을 초래한다는 지적이 일리 있다.

최근에는 주세의 과세체계 개선에 대한 각계각층의 목소리가 뜨겁다. 가장 먼저 지적되는 것이 국산맥주와 수입맥주의 과세구조의 차이점이다. 국내맥주의 과세표준에는 제조비용, 판매관리비 등이 포함되는 반면 수입맥주는 오로지 수입신고가격에 관세를 더한 금액만을 과세표준으로 삼기 때문이다. 더욱이 세계 각국과의 자유무역협정(FTA) 체결로 주류의 관세가 철폐되고 있어 그 격차는 커지고 있다. 예를 들어 국내맥주와 수입맥주의 원가가 500원으로 동일하더라도 국내맥주는 판매관리비와 마진을 더한 1,000원을 기준으로 세금이 부과되어 출고가가 2,130원(=원가 500원+ 판매관리비 500원 + 주세 720원 + 교육세 216원 + 부가가치세 194원)이 되는 반면 수입맥주는 원가만을 기준으로 세금이 부과되어 출고가가 1,065원(=원가 500원 + 주세 360원 + 교육세 108원 + 부가가치세 97원)이 된다. 국내맥주와 수입맥주 간 자유경쟁을 촉진하는 차원에서 주세 운용에서의 중용의 미덕이 요구되는 시점이다.

종가세와 종량세를 둘러싼 논의도 뜨거운 감자이다. 현행 우리 주세는 종가세를 채택하여 '술의 가격'을 기준으로 세금을 부과하게 된다. 한편 우리나라와 멕시코, 터키, 칠레, 이스라엘 5개국을 제외한 미국, 영국, 독일, 프랑스, 일본 등 나머지 경제협력개발기구(OECD) 국가들이 채택하고 있는 종량세 방식은 '술의 용량' 또는 '도수'를 기준으로 주세를 부과한다. 그 취지는 낮은 도수의 주류를 사회적으로 권장해 국민건강을 보호하고,

맥주 등 서민 주류의 단가를 인하해 소비자 편익을 증대하기 위해서이다. 복잡한 현행 주세 체계를 맥주, 소주, 와인, 전통주 정도로 단순화하면서 현행 종가세 방식의 주세체계를 종량세로 바꾼다면 국산 수제맥주나 지역 소규모 전통주가 더욱 가격 경쟁력을 갖출 수 있다는 분석도 있다. 세제 개선으로 소비자의 편익이 증대되고, 주류시장에의 신규 진입 장벽을 낮출 수 있다면 일거양득이다. 독일의 맥주, 프랑스의 와인, 일본의 사케처럼 우리도 독자적 '주류 한류(韓流)'를 만들어 내는 데에 세정이 뒷받침할 수 있다.

  이 외에도 주세행정에 관해 다양한 문제점들이 지적되고 있다. 먼저 우리나라 법제는 주세법이라는 단일 법률에 세금 조항과 주류제조면허 등 행정규제 조항이 상존하고 있는데, 이러한 법체계는 어색하다는 비판이다. 미국의 경우 '내국세입법'에서 세금에 관한 내용을 다루고, 주류제조 및 판매면허와 같은 행정적 부문은 '연방주류행정법'에서 규율한다. 다음으로 우리나라는 주류제조, 주류판매의 관리 및 세수 확보를 모두 국세청에서 소관하고 있는데, 변화된 사회·경제적 상황을 반영해 독립기관에서 주류제조, 판매의 관리를 전담하도록 하자는 견해가 있다. 미국에서는 '알코올, 담배에 대한 과세 및 거래국'이라는 독립 기관을 두고 있고, 영국은 주류제조관리는 국세청이 담당하되 주류판매관리는 면허관리위원회가 분담하고 있다. 끝으로, 주세법이 국세기본법의 적용을 받기 때문에 발생하는 주류면허와 관련된 행정절차법 및 행정조사기본법의 배제 문제, 필요적 전치주의의 적용 문제가 있다. 주류제조면허와 관련된 처분은 일반적 조세행정과는 차이가 있으므로 행정절차법, 행정조사기본법의 적용을 받도록 하고 필요적 전치주의 적용에도 예외를 설정하는 것이 바람직하다. 우리나라와 동일한 주세법 구조를 가진 일본은 국세통칙법에서 주류의 제조와 판매업 면허와 관련된 처분에는 행정절차법이 적용된다는 특례를 두고, 조세불복에 적용되는 필요적 전치주의의 적용도 배제하고 있다.

　대한제국 시절 융희 3년인 1909년 제정되어 올해로 110번째 생일을 맞는 주세는 우리 사회에서 중요한 역할을 수행한다. 6·25전쟁 당시인 1950년에는 주세수입이 조세 총액의 7.4%를 차지하는 등 과거에는 세수입 기능의 중요성이 부각되었는데, 최근에는 전 세계적으로 '피구세(Pigouvian tax)'적 기능이 강조되고 있다. 주류 소비에 따른 외부비용을 소비자가 부담하게 해 주류 소비가 사회 전체적 차원에서 합리적이고 효율적 수준으로 자동적으로 조정되게끔 평형추 역할을 하는 것이다. 국내맥주와 수입맥주의 가격 차이 문제, 종량세와 종가세 문제 및 주세행정의 문제 모두 소비자의 편익, 사업자의 자유롭고 공정한 경쟁 기회의 보장, 그리고 국민건강의 증진이라는 균형잡힌 시각에서 접근해야 한다. 그러한 맥락에서 종량세의 세율체계를 운용하면서 징수된 주세 중 일부를 국가의료보험 분담금이나 사회복지시설의 운영경비로 사용되도록 하는 프랑스의 입법례도 본받을 점이 있다. 밀레니엄 세대의 입학으로 대학교정의 음주문화가 혁신되었듯, 주세와 관련된 세무 및 규제 행정에서도 창의적 중용의 미덕이 발휘되기를 기대해 본다.

04
개별소비세의 업그레이드
(2019.07.)

　지난달 한국은행이 집계한 2018년 1인당 국민소득은 3만 3,434달러였다. 세계은행이 이달 초 발표한 한국의 1인당 국민소득 역시 3만 600달러를 기록했다. 6·25전쟁 직후인 1953년 67달러, 수출 100억 달러를 달성한 1977년 1,000달러와 비교하면 능곡지변(陵谷之變)이다. 능히 '다이내믹 코리아'를 표상하는 전형이다. 우리나라의 경제발전 역사는 세제에도 녹아들어 있는데, 그 대표적인 것이 개별소비세. 현행 개별소비세법의 전신인 특별소비세법은 1976년 12월 22일 제정돼 1977년 1월 1일부터 시행됐다. 당초의 입법 목적은 당시 도입되는 부가가치세의 단일세율에서 오는 조세부담의 역진성을 보완하면서 사치성 물품의 소비를 억제하고자 하는 데 있었다. 특별소비세법은 2007년 12월 31일 개별소비세법으로 개명됐다. 이러한 개칭은 사치품 소비를 억제하는 죄악세(Sin tax)의 성격보다는 개별 품목에 대한 교정세(Pigovian tax)의 성격을 강조하려는 입법자들의 의도가 반영된 작품이었지만 결과적으로는 대동소이하게 운영됐다.

　2017년 국세청 소관 세수 약 256조 원 중 개별소비세 징수액은 약 10조 원으로 전체 세수의 3.9% 정도를 차지했다. 부가가치세를 제외한 '소

비세'로 범위를 좁혀보면 소비세 합계 약 35조 원 대비 약 28.5%의 비중
을 기록해 교통·에너지·환경세 다음으로 소비세수의 확보에 이바지하고
있다. 단일 품목 중에서는 자동차에 대한 개별소비세수가 약 1조 원으로
단연 선두다. 개별소비세는 부가가치세에 더해 납부되는 세금인데, 추가
로 교육세와 농어촌특별세의 30% 및 10%의 과세표준을 구성한다. 과세
대상은 크게 '물품'에 대한 과세, '입장행위'에 대한 과세, '영업행위'에 대
한 과세로 구분된다. 그중 주종을 이루는 것이 물품과 입장행위다. 전자
의 예로는 보석, 귀금속, 자동차, 유류 및 담배가, 후자의 예로는 카지노,
경마장, 경륜장 및 회원제 골프장이 있다. 가령 보석을 판매하는 자는 그
가격의 20%를, 회원제 골프장 영업주는 고객 1명당 개별소비세 1만
2,000원을 얹어서 받은 후 이를 개별소비세로 국고에 납부하고 있다. 물
품과 입장행위에 대한 세율은 이른바 '탄력세율'이라고 하여 경기 조절,
가격 안정, 유가 변동에 따른 재원 조달의 목적으로 세율의 30% 범위 내
에서 신축적으로 운용될 수 있다. 다만 탄력세율 운영은 주로 유류나 자
동차에 한정돼 행해지는 실정이다.

　개별소비세의 과세대상 항목을 연혁적으로 살펴보면 우리나라 경제사
를 일별할 수 있다. 즉 세제상 소득 수준에 따른 소비 패턴 변화의 평가
역사라고 해도 과언이 아니다. 1977년 도입 당시 특별소비세법은 보석,
모피, 냉장고, 세탁기, 텔레비전, 커피, 청량음료, 유류 등의 '물품'과 경마
장, 목욕탕, 골프장, 카지노 등의 '입장행위'를 과세대상으로 했다. 1978년
개정을 통해 피아노, 고급 시계, VTR 등 물건이, 1981년 개정을 통해 스
키장 입장행위가 각각 과세대상에 추가됐다. 사치재 소비억제 목적에서
비롯된 것이다. 외환 위기를 맞은 1998년에는 에너지 소비절약을 유도하
기 위해 등유, 석유가스, 천연가스 등 유류의 특별소비세율이 인상됐고,
건전한 소비 생활을 장려하기 위해 모피 등 사치품에 대한 세율이 상향됐
다. 2004년에는 에어컨, 텔레비전 등이 대중화됐다는 이유로 특별소비세

의 과세대상에서 제외됐다가 2010년에 전력 수급 안정화를 위한 목적으로 냉장고, 세탁기, TV 일부에 대한 개별소비세가 잠시 '부활'하는 촌극도 있었다. 2011년에는 전기자동차, 2017년에는 전자담배에 대한 개별소비세 과세근거도 각각 마련됐다. 2018년 7월부터 올해 말까지는 자동차산업 활력 제고를 위해 개별소비세율이 기존 5.0%에서 3.5%로 한시적으로 인하됐다. 이처럼 개별소비세는 가히 우리나라 산업발전의 산증인이다.

미국은 부가가치세가 없는 대신 주류, 유류, 담배, 총기류 및 탄약 등에 대해 연방정부 및 주정부에서 소비세를 부과한다. 그중 유류에 부과되는 연방소비세가 세율은 낮지만 세수의 가장 큰 비중을 차지하는데, 그 수입은 대부분 연방고속도로기금에 편입돼 고속도로 인프라 구축을 위해 사용된다는 점이 특이하다. 영국도 주류, 유류, 담배 등에 개별소비세를 부과하고, 항공세, 복권세 등이 존재한다는 점이 독특하다. 독일도 마찬가지로 주류, 유류, 담배 등에 연방정부 및 주정부에서 개별소비세를 과세한다. 17세기 프로이센에서 세수 확보를 위해 신설한 커피세가 여전히 존재한다는 점이 흥미롭다. 일본은 국세로 주류, 유류, 담배에 대한 개별소비세가, 유사한 성격의 지방세로는 지방휘발유세, 입욕(入浴)세 등이 있다. 지방휘발유세 대부분은 도로정비 재원으로, 온천 입장시 납부되는 입욕세는 시·정·촌 등 지방정부의 재원으로 각각 활용되고 있다.

그간 개별소비세가 불필요한 사치재의 소비 및 사행산업의 횡행을 억제하며 때로는 소비를 진작하는 경기조절 기능을 해온 공(功)을 부인할 수는 없다. 다만 특정 과세객체를 차별해 형평에 반하는 결과를 가져온다든지, 조세의 본래적 기능과는 무관하게 죄악세와 같은 제재 수단으로 전용된다든지 하는 과(過)는 경계해야 한다. 가령 1977년 제정 당시 소수 부유층의 전유물이던 자동차는 현재는 국민의 생활필수품인 동시에 우리 제조업을 떠받치는 큰 기둥으로 자리매김했다. 따라서 그 과세를 재고할 필요성이 있다. 미국, 영국 등 선진국에서도 자동차를 개별소비세 부과

대상에 포함하지 않음은 물론이다. 또한 우리나라에서 골프장 수는 1973년 8개에서 2013년 460개로 현저히 증가했고 2018년 기준 골프장 이용객 수가 3,500만 명을 훌쩍 넘는 등 대중화가 실현되고 있음에도 승마, 스키, 볼링 등 다른 운동 종목과는 달리 유독 골프만이 그 이용행위에 개별소비세가 과세되고 있다. 스키장 입장행위가 1999년 개정으로 특별소비세 과세대상에서 제외되었듯 입법적 해결방안을 고려해봄 직하다. 고속도로기금으로 사용되는 미국의 유류세처럼 과세물건과 관련 있는 사업에 세수를 지출하거나 세율을 낮추는 것도 하나의 절충적 대안이 될 수 있다. 개별소비세 과세대상을 정하는 데 국가마다 고유한 연혁적 배경이 자리잡고 있는 측면을 부인할 수 없다. 하지만 1977년 1천 달러에서 2018년엔 3만 달러를 웃도는 국민소득의 증가와 이에 따른 소비형태의 중대한 변화가 생긴 사정을 간과해서는 안 될 것이다. 세계 11위의 우리나라 경제 위상에 걸맞도록 개별소비세제의 '새옷'에 대한 진지한 논의가 필요한 국면이다.

05
환갑(還甲) 유류세의 회고와 전망
(2021. 11.)

역대 최대의 유류세 인하조치가 시행됐다. 정부는 지난 12일부터 내년 4월 30일까지 6개월간 정유사에서 출고되는 휘발유와 경유에 대해 한시적으로 유류세 20%를 인하했다. 국제유가의 급등에 따른 물가대책의 일환이라고 한다. 유류세 인하 직전인 지난 11월 첫째 주 전국 주유소의 평균 휘발유 가격은 리터당 1,787원, 경유는 1,585원이었지만, 인하 이후에는 리터당 1,500원대의 휘발유와 1,400원대의 경유가격도 예상된다. 전국 1만 1,091개 주유소 중 정유사 직영주유소 765곳과 알뜰주유소 1,233개에 대해서는 유류세 인하분이 즉각 반영됐고, 나머지 주유소에서도 재고 물량이 소진되면서 가격 인하효과가 나타나 운전자의 부담을 덜어주고 있다. 다만, 국제유가의 가파른 상승세 및 유류세와 연동되는 유가보조금 지급단가의 하락으로 향후 유류세 인하효과의 체감지수는 관망요망이다.

유류세는 차량용 휘발유와 경유에 대한 제세공과금으로 구성된다. 우선, 대표적으로 휘발유에는 리터당 529원, 경유에는 리터당 375원의 교통·에너지·환경세가 부과된다. 이에 더해 주행분 자동차세 및 교육세가 위 교통·에너지·환경세액의 26%(리터당 138원) 및 15%(리터당 79원)만큼 부가

(附加)된다. 이외에도 위 유류세액 10%의 부가가치세(리터당 75원)가 가산된다. 휘발유를 수입할 때에 자동적으로 부과되는 수입가격 3%의 석유수입관세 및 리터당 16원의 석유수입부과금까지 감안하면, 소비자는 그 휘발유 가격의 50%를 훌쩍 넘는 간접세를 내게 된다. 유류세의 3분의 2 가량을 차지하는 교통·에너지·환경세는 단일 세목(稅目)으로는 소득세, 부가가치세, 법인세에 이어 4번째 규모의 메이저 세원(稅源)이기도 하다. 2020년 국세통계연보 및 지방세통계연보 기준 교통·에너지·환경세는 14조 8,000억 원이고, 교육세는 2조 2,000억 원, 주행분 자동차세는 3조 7,000억 원을 기록했다. 유류세라는 명목하의 다채로운 세목으로 연간 20조 원 이상의 세수가 확보되고 있으니 '조세의 칵테일'이자 '화수분 세원'이라는 세간의 풍자도 일리가 있다.

유류세의 연혁은 지금부터 60년 전인 1961년 12월 8일 제정된 석유류세법으로 거슬러 올라간다. 당초 석유류에 대한 세금은 물품세법에서 정하고 있었으나, 석유류는 그 세원이 풍부할 뿐만 아니라 과세방식도 다른 물품과 상이하다는 이유에서 별도 분리·제정되었다. 1977년 간접세 체계가 대폭 개편되면서 부가가치세법과 특별소비세법이 만들어졌고, 그에 따라 기존의 석유류세법은 폐지되었으며 석유류세는 부가가치세와 특별소비세로 구분하여 과세됐다. 한편, 1993년 12월 21일 제정된 교통세법은 도로 및 지하철 등의 건설재원의 조달은 수송부문과 관련된 석유류 제품을 세원으로 하고 차량운행에 따른 공해 등 사회적 비용은 원인제공자가 부담하는 것이 수익자 및 원인자 부담원칙에 부합한다는 견지에서 휘발유 및 경유에 대한 특별소비세를 한시적으로 목적세로 전환하여 교통세를 신설했다. 이후 교통세법이 2006년 12월 30일 교통·에너지·환경세법으로 이름을 바꾸고 교통세의 부과범위 및 사용용도가 확대되면서 1993년 12월 31일이었던 일몰시기가 다음달 31일까지 연장되어 왔다. 기획재정부가 발표한 2021년 세법 개정안에 따르면 그 유효기간이 2024년 12월 31

일까지로 3년 더 연장될 예정이다. 교통·에너지·환경세에 대한 부가세적(sur-tax) 성격을 갖는 유류분 교육세와 주행분 자동차세는 1995년 12월 29일 및 1999년 12월 28일 각각 개정된 교육세법과 지방세법에 의해 과세가 개시되어 현재에 이르고 있다.

올해로 꼭 환갑(還甲)을 맞이한 유류세는 전형적인 간접세로서 조세저항이 적고 징세효율성이 높은 대표적 세목이다. 그러나 그 이면에는 다수 문제점도 병존하고 있다. 우선 현재의 유류세 체계는 목적세와 지방세가 혼재되어 있고 교육세 및 수입부과금까지 더해지는 등 다중(多重)의 구조로서 지나치게 복잡하다. 한시적으로 도입된 목적세임에도 한 세대 이상 존치되고 있어 재정운용의 경직성도 초래하고 있다. 단일 세목의 일반세로 통합하고 부담금도 흡수하는 방향으로 진지한 검토가 필요하다. 또한, 정유사 출고 당시 납세의무가 성립하는 반출장 과세의 특성상 실제 유류세를 부담하는 소비자는 그 내막을 알 수 없고, 종량세 성격 때문에 유가(油價)가 인상되든 인하되든 부담 변화가 없어 유가 변동에 따른 탄력성이 저하된다는 점도 지적된다. 휘발유와 경유의 사회적 비용에 차이가 있음에도 유류세 부담의 격차가 상대적으로 적어 유종별 유류세의 재조정이 필요하다는 주장도 경청할 만하다.

교통세법이 제정되던 90년대 초에는 자동차가 사치재적 성격이 있어서 교정세(Pigouvian tax)를 적용하여 부정적인 외부효과를 절감하여야 할 필요를 부인할 수 없었다. 그러나 지난 9월 말 국토교통부 통계 기준 우리나라의 자동차 등록대수는 2,478만 대로 국민 2명당 1대 꼴로 가지고 있는 대표적인 필수재가 되어 중장기적 관점에서 과중한 유류세 부담을 계속 유지하기 어려운 형편이다. 다른 한편으로는 친환경 에너지 정책의 기조에 따라 전기차 등의 보급이 확대될수록 유류 소비가 줄어들고 20조 원의 유류세의 세수도 점진적 감소가 예상되므로 대체세원의 마련을 고민해야 할 시점이다. 유류세의 회갑을 맞이하여 탄소중립이라는 글로벌 스탠

더드에 보다 부합하도록 하면서도 국민들에게 지나치게 과도한 부담을 주
지 않도록 유류세제 개편의 묘책 마련이 절실한 전환의 시대이다.

05

상속세 · 증여세
산책

'자식연금'과 증여세

(2017. 06.)

어느 나이든 부모가 생전에 자녀에게 유일한 주택을 물려주고 정기적으로 생활비를 받았다. 세무서에서는 자녀의 생활비 지급은 민법상 부양의무의 이행이고 부모는 자녀에게 주택을 증여한 것이라며 증여세를 과세했다. 법원은 주택의 이전과 정기적인 생활비의 수취는 주택을 담보로 맡기고 연금방식으로 생활자금을 지급받는 '주택연금'과 비슷하다며 과세를 취소했다. 주택연금과 같이 자녀로부터 생활비를 받는 조건으로 주택을 양도하는 '자식연금'으로 증여가 아니라는 것이다.

700만 명에 달하는 베이비붐 세대가 은퇴를 시작했고 2020년 께에는 그 선두 세대가 65세 이상의 노인인구에 진입하게 된다. 현재 노인인구는 14%로 노인인구가 20%를 넘는 초고령 사회도 멀지 않았다. 우리나라 노인 빈곤율은 48.6%로서 경제협력개발기구(OECD) 국가의 평균 12.4%의 4배에 이른다. 노인가구의 소득 중 공적연금 비중이 OECD 국가의 평균 58.6%에 한참 못 미치는 16.3%에 불과하다는 것이 이를 반증한다.

우리 정부도 노후 세대의 생활을 보장하기 위해서 1988년부터 국민연금제도를 시행해 왔고 연금에 가입한 납세자에게 각종 세제혜택을 주고 있다. 연금기금 불입시에 소득공제나 세액공제(Exempt)가 되고 운용단계에서의 수익은 비과세(Exempt)되며 연금 수급시에는 과세(Tax)하는 EET형을 채택하고 있다. 2013년까지는 연간 연금보험료 400만 원 한도로 소득공제를 받았고, 2014년부터는 연간 400만 원까지 납입액의 12% 또는 15%의 세액공제 혜택이 주어진다. 연금수급 단계에서는 연금소득으로 과세되지만 연 1,200만 원 이하의 사적 연금소득은 분리과세가 가능하고 연간 900만 원까지는 연금소득공제가 허용된다. 납세자는 EET형의 연금세제를 통해 생애 특정기간에 집중적으로 누진세율이 적용되는 근로소득 등을 은퇴 후 소득이 적은 노년기간에 연금소득으로 분산 · 수취해 전체적인 세금 부담을 줄일 수 있는 것이다.

그러나 세제상의 혜택에도 불구하고 노인인구 중 공적연금의 수급자는 40% 정도에 불과하다. 노인 10명 중 6명은 여전히 연금제도를 활용하지 못하고 있는 것이다. 이러한 시점에서 노년의 부모가 증여세 부담 없이 보유 주택을 자녀에게 물려 주면서 자식연금을 수취하는 것이 가능하도록 단초를 열어 준 법원 판결은 신선하다. 연금 수급의 자격을 갖추기 어려운 고령의 부모가 노후 보장의 방편으로 자녀들에게 주택을 물려주고 생활비를 받을 수 있다면 노후 빈곤 문제의 해결에 큰 도움이 될 것이다. 자녀들 입장에서도 금융비용을 부담하지 않고 주택을 사전에 부모로부터 할부 형태로 양수할 수 있어 일석이조의 효과가 있다.

자식연금이 증여세 부담 없이 부모와 자식 사이에 주택을 물려주기 위한 편법 수단으로 활용될 여지가 있고 자녀의 부양의무를 주택 제공과 맞바꾼다는 점에서 부모와 자식 관계가 상업적으로 변질된다는 지적도 가능하겠지만 이에 대한 시장의 실제 수요가 존재하므로 연금제도의 부족한 부분을 어느 정도는 메울 수 있을 것이다. 자식연금과 유사한 주택연금의 가입자가 최근 1년 사이 1만 명이나 급증한 것을 보더라도 그러하다. 다만, 자식연금의 활성화를 뒷받침하기 위해서는 자식연금에 대한 적법한 절차와 법적 구속력을 부여하는 제도적 장치를 마련하고, 정기적으로 지급되는 생활비를 연금소득으로 보아 세제상의 혜택을 부여하는 등의 조치를 보완할 필요가 있다.

02
국제적 인적교류와 상속세조약

(2017.07.)

　전 세계적으로 경제교역과 사회·문화교류가 증가하면서 국가간 자본과 소득의 이전과 더불어 인적이동도 잦아지고 있다. 어느 국가에 가족이나 재산을 두고 있으면서 사업과 투자, 유학 또는 은퇴 후의 새로운 생활터전의 마련을 위하여 다른 국가에 거주하는 사람들을 흔히 볼 수 있게 되었다. 외교부에 따르면 2014년 말 기준 재외동포는 718만 명이고 이중 중국이 258만 명, 미국이 223만 명, 일본이 85만 명으로 80%를 차지하고 있다. 법무부도 국내 체류 외국인수가 2016년 6월 기준 200만 명을 돌파했다고 발표했다. 그 절반이 중국인이고 미국인이 15만 명으로 그 다음이다. 위 숫자를 합하면 우리나라 인구 5,100만 명의 20%에 육박하게 된다.

　복수의 국가에 가족과 재산이 소재함으로 인하여 소득세와 같이 상속세 분야에서도 새로운 과세문제들이 속속 등장하고 있다. 국제상속과세에서 일반적으로는 피상속인이 거주자이면 상속인은 무제한적 납세의무자로서 전 세계 소재 상속재산에 대해서 납세의무를 부담한다. 피상속인이 비거주자이면 상속인은 제한적 납세의무자로서 상속재산 소재지국에 대해 당해 상속재산에 관하여만 납세의무를 부담하게 된다.

그런데 각국의 상속세법을 구체적으로 들여다보면 무제한적 납세의무를 피상속인이 아니라 상속인을 기준으로 판단하기도 하고, 동일한 상속재산에 대해서 그 소재지를 달리 보기도 하는 등 국가별로 큰 차이가 있다. 예컨대, 우리나라에 거주하는 일본 국적의 피상속인이 일본에 상속인을 두고 있는 상태에서 사망한 경우 피상속인의 전 세계 상속재산에 대해, 우리나라는 피상속인의 거주지국에 과세권이 있다는 규정에 근거해 과세한다. 일본은 일본대로 상속인의 거주지국이 그 과세권을 가진다는 규정에 근거해 이중으로 과세권을 행사하게 된다. 구체적으로 일본에서 거주하는 피상속인이 우리나라와 미국에 그가 소유하는 고가의 미술품을 각기 전시하고 있던 중 사망한 경우 그 상속인이 거주하는 일본 외에 우리나라는 유체동산인 미술품은 물리적으로 현존하는 장소가 그 소재지라는 규정에 따라 과세권을 행사하게 된다. 반면, 미국에서는 전시 목적의 미술품은 물리적 현존에 불구하고 미국 소재 상속재산으로 보지 않는다는 규정에 따라 상속세를 과세하지 않는다.

이중과세의 위험과 예상 외의 과세 가능성은 국가간의 인적 · 물적 요소의 이동이나 경제 · 사회적 교류를 저해할 여지가 상당하다. 특히 미국과 같이 사후의 재산 분배에 관심이 많아 유언장 작성이 일반화된 국가의 경우에는 보다 영향이 클 것이다. 이런 문제를 직시하여 1927년 국제연맹(LN)은 상속세의 이중과세방지를 위한 조세조약 초안을 마련했다. 경제협력개발기구(OECD)에서도 1966년 상속세에 관한 이중과세방지조약 초안을 만들었다. 미국도 1955년 미 · 일 상속세조약을 체결하는 등 다수의 국가와 상속세조약을 체결하였고 영국, 프랑스, 독일 등 유럽 국가들도 인적 이동이 빈번한 국가와 상속세조약을 체결해 놓고 있다.

우리나라는 소득세 분야에서 1970년 일본과 조세조약을 체결한 이래 현재 90여개국과 조세조약을 체결하고 있다. 관세분야에서도 2003년 칠레와 자유무역협정(FTA)을 체결한 이후 50여개국과 FTA를 체결하는 등 폭넓은 조세조약망을 형성함으로써 경제발전에 적극 활용하여 왔는데, 유독 상속세조약의 체결은 전무한 실정이다. 그 주된 이유는 관련 상속세의 세수가 적기 때문으로 분석된다. 하지만 상속세는 피상속인이 일생 동안 축적한 재산 전체가 일시 과세가 되는 것이므로 이중으로 매겨질 경우 개인 단위에서는 그 폐해가 매우 크다는 점을 간과해선 안 된다. 납세자가 거주지를 선택하는 데에도 큰 영향을 미친다는 점에서 그 심각성을 헤아려야 한다.

　우리나라의 경우 피상속인의 외국 소재 상속재산에 대해서 부과된 상속세를 공제해 주는 규정이 있기는 하지만 국내세법에 의하여 이중과세의 문제 등을 해결하기에는 턱없이 부족하다. 이제는 상속세조약의 도입을 적극 검토할 시점이다. 상속세조약이 체결되면 거주지를 이전하는 외국인이나 내국인에 대해서 상속세 이중과세의 위험 등이 줄어든다. 게다가 필요한 인적 자본의 이동과 사회·문화적 교류가 원활하게 실현됨으로써 발생하는 유·무형의 이익이 적지 않을 것이다. 만일 도입을 결정한다면 우리나라와 인적 교류와 투자가 많은 미국, 중국, 일본과의 상속세조약의 체결을 우선 고려하는 것이 바람직하다.

03

상속재산평가와 비상장주식

(2018.03.)

"인간에게 피할 수 없는 두 가지가 바로 죽음과 세금이다"라는 서양 속 담이 있다. 상속세는 죽음 자체가 과세계기가 되는 세금이다. 상속세의 기원은 고대 이집트와 그리스·로마 시대까지 거슬러 올라간다. 영국의 마그나카르타에서도 상속세가 언급된다. 미국에서도 독립전쟁의 추가재원 마련을 위해 소득세와 더불어 상속세가 도입됐다. 도입초기 상속세 과세 에 대한 위헌성 논의가 있었으나 미국 연방대법원은 1900년, 1921년 연 이은 합헌판결을 내렸다. 2002년 조지 부시 행정부 시절 상속세 폐지 움 직임이 있었지만 무위에 그치고 말았다. 상속세 과세는 '결과적 평등'까지 는 아니더라도 최소한 "개인의 출발선은 평등해야 한다"라는 당위론에 입 각하여 그 이념적 뿌리가 깊다.

우리나라의 상속세는 일제 강점기인 1934년 '조선 상속세령'을 시행하 면서 도입되었다. 1950년 '상속세법'이 제정·공포되었고 이후 변화된 경 제·사회적 환경을 반영하여 1996년 '상속세 및 증여세법'으로 전면개정 되어 현재에 이르고 있다. 상속세제를 떠받치고 있는 두 가지의 대들보는 '원활한 세수의 확보'와 '부의 집중 억제'라는 이념이다. 상속세수는 2015

년 기준 약 2조 원이고, 사전상속인 증여세수를 합하면 약 5조 원 정도로 전체 국세청 세수인 약 217조 원의 2.3%를 차지한다. 비중 자체는 크지 않지만 상속세는 징수비용이 적게 들고 안정적 세수확보가 가능하며 납세자의 조세순응도도 높은 편이다. 상속세 최고세율은 50%로 부의 집중을 완화하고 경제적 균등을 도모하는 기능을 수행하고 있다. 시장의 소득분배 실패를 보완하는 일종의 균형추 역할을 하는 셈이다.

상속세에서는 상속재산 확정과 평가가 무엇보다 중요하다. 피상속인 사망 당시 보유한 재산만 상속재산이 되는 것은 아니다. 피상속인 사망 전 10년 이내에 상속인들에게, 5년 이내에 제3자에게 증여한 재산도 상속재산에 가산된다. 또한, 피상속인 사망 1년 또는 2년 이전에 처분한 재산 등이 2억 원 또는 5억 원을 넘는 경우에는 해당금액이 상속재산으로 추정된다. 상속재산을 미리 증여하여 누진과세를 피하거나 이를 누락하려는 조세회피행위를 방지하기 위한 취지이다.

상속재산은 상속 당시 시가에 의해 평가하도록 되어 있다. 시가란 불특정 다수인 사이의 통상 성립되는 거래가격을 말한다. 상속개시일 전·후 6개월 이내 기간 중의 당해 재산이나 유사재산에 대한 매매사례가액, 감정가액 등을 시가로 인정하고 있다. 그러나 현실에서 그러한 시가를 찾기 어려운 경우가 많다. 그때에는 자산별로 법정되어 있는 '보충적 평가방법'을 사용하여 평가가 이루어진다. 정부가 고시한 가액이 있는 부동산이나 실제 거래가격이 있는 상장주식은 큰 문제가 없으나, 이러한 가액이 없는 비상장주식은 기업의 순자산가치와 순손익가치를 가중평균하여 보충적평가액을 산정하게 된다. 그 결과 비상장주식의 보충적평가액은 개별기업의 특성을 제대로 반영하지 못한 채 심하게 왜곡되는 경우가 많다. 국내의 실증분석 결과도 이를 뒷받침한다.

비상장주식의 보충적 평가방법은 상속세에 국한되지 않고 가치평가가 수반되는 소득세, 법인세 등에도 준용된다. 예를 들면 제3자로부터 비상장주식을 매수한 경우 그 거래가액이 보충적평가액보다 30% 이상 높다면 그 차액이 기부금 의제되어 법인세가 과세될 수 있다. 반면, 세법 외의 분야에서는 그 보충적평가액이 정당성을 인정받지 못하기도 한다. 비상장주식을 보충적평가액으로 매매하였더라도 시가로 인정되지 못해 민사상 손해배상책임이나 형사상 배임죄의 책임을 부담하는 사례도 있다. 보충적평가액을 따라도 문제, 무시해도 문제가 되는 진퇴양난의 형국이다. 이러한 문제점을 해결하기 위해 비상장주식 평가심의위원회를 설치하고 평가방법의 다양화를 시도하였지만 근본적 해결책이 되지 못했다. 학계에서는 시가에 부합하는 현금흐름할인법(DCF법)을 도입하는 방식, 미국·일본과 같이 법령에서 시가주의원칙만을 선언하고 통칙으로 상세한 평가방법을 정하는 방식 등이 제안되고 있다.

상속세는 인류와 오랜 역사를 두고 동고동락해 온 사이이다. 상속세제는 국가세수의 하나의 축으로서 시장경제체제의 단점을 보완하는 효과적인 제도로 기능해 왔다. 이제는 더 나아가 상속재산평가상의 문제점을 개선하기 위해 시가에 부합하는 평가방법을 진지하게 모색할 필요가 있다. 상속세만의 문제가 아니라 유관 법률분야에도 광범위하게 영향을 미치기 때문에 주마가편의 노력이 절실하다. 세법 학계, 유관 부처 및 국회의 다양한 의견을 종합하여 더 나은 대안을 찾을 수 있는 지금이 골든타임이다.

04

명의신탁 증여의제와 교각살우(矯角殺牛)

(2019. 11.)

　바야흐로 한 해의 성과를 뒤돌아보게 되는 가을걷이의 시즌이다. 매해 조세 분야의 화두는 다양하지만 명의신탁 증여의제만큼 장기간 회자되어 온 주제도 없다. 올해에는 명의신탁 증여의제의 부과제척기간을 확대하는 세법개정안이 논쟁거리다. 50억 원 초과의 명의신탁은 과세관청이 안 날로부터 1년간으로 그 제척기간을 연장시키는 것으로 사실상 무기한의 과세를 허용하는 개정안이다. 작년에는 수십년 만에 명의신탁 증여의제의 납세의무자를 수탁자에서 신탁자로 변경해 큰 화제가 되었다. 현재도 명의신탁 증여의제는 대폭 손질 중이다.

　명의신탁 증여의제란 주식 등의 명의신탁이 행해진 경우 이를 신탁자와 수탁자 사이의 증여로 간주해 증여세를 부과하는 제도이다. 그 입법취지는 명의신탁을 이용한 조세회피를 효과적으로 방지해 조세정의를 실현하고자 하는 데 있다. 담세력이 없는 명의대여에 대해 증여세를 과세하므로 본래 의미의 세금이 아니라 조세회피 목적의 증여에 대한 별도의 금전적 형태의 행정벌이다. 명의신탁 증여의제의 과세요건은 명의신탁재산에 대한 명의신탁 합의의 존재라는 객관적 요건과 조세회피 목적의 존재라는 주관적 요건으로 대별된다. 부동산 명의신탁은 신탁약정 자체가 무효이고 부동산실명법에 의해 규율되므로 과세대상에서 제외된다. 권리이전에 등기·등록이 필요하지 않은 예금 등도 과세물건이 아니어서 실제 과세대상이 되는 명의신탁재산은 주식이 거의 전부를 차지한다. 신탁자가 수탁자의 명의로 주식을 취득하여 보유하다가 법인의 증자에 따라 추가 주식을 배정받기도 하고, 수탁자의 사망으로 수탁자가 변경되거나 합병으로 주식이 교체되기도 하는데, 이러한 수탁자와 주식의 변동에는 매번 명의신탁 증여의제 문제가 도사리고 있다.

명의신탁 증여의제의 연혁은 반세기 전인 1965년으로 소급한다. 당시 실질이 증여임에도 명의신탁으로 거짓 주장해 증여세 과세에서 벗어나는 경우가 다수 있었는데, 대법원은 명의신탁에 대해 증여세를 부과한다는 별도의 조문 없이도 증여세 과세를 인정하는 판결을 선고했다. 그 후 법적 근거의 마련을 위해 1974년 개정 상속세법에서 명의신탁 증여의제의 명문 규정이 최초로 도입되었다. 이후 대법원 판례 등에 따라 몇 차례의 개정을 거친 다음 1996년 개정 상속세 및 증여세법(상증세법)에서 증여추정으로 변경되었다가 1998년 개정 상증세법에서 다시 증여의제로 환원되었다.

명의신탁 증여의제에 대해서는 종전 학계에서 그 위헌성이 지속적으로 제기되어 왔다. 그 주된 논거는 명의신탁 증여의제에 따른 증여세는 조세의 개념에 포함되지 않는 제재로서 재산권의 본질적 내용에 대한 침해이고 담세력이 없는 곳에 부과되는 '교살적 조세' 또는 '압살적 조세'라는 것이다. 또한 명의신탁자의 요구를 거절할 수 없는 궁핍한 처지에 있는 수탁자에 대해 회피되는 조세의 크기도 고려하지 않고 그 재산가액만을 기준으로 과세되기 때문에 헌법상 자기책임의 원칙에도 반한다는 것이다. 최고 30% 과징금의 대상이 되는 부동산 명의신탁에 비해 그 본세와 가산세의 부담이 지나치게 과중해 형평성이 결여된다는 주장도 있다. 상식적으로도 공감되는 지적이다.

　이에 대한 대법원과 헌법재판소의 대응은 다소 판이하다. 초기 대법원에서는 명의신탁 증여의제의 조세회피 목적을 폭넓게 인정해 거의 대부분 사안에서 증여세 부과가 적법하다고 판단했다. 이에 수탁자들은 헌법재판소에 대한 위헌신청으로 그 권리구제를 시도했다. 헌법재판소에서는 2004년 5인의 합헌의견과 4인의 위헌의견이 첨예하게 대립했으나 2005년에는 6대 3으로 합헌결정이 나오면서 향후 위헌판단의 기대를 갖기 어렵게 되었다. 예상대로 그 후 반복적 합헌결정이 선고되었고, 근자에는 반대의견조차 찾아볼 수 없는 전원일치 합헌결정이 내려지고 있다.

　그런데 2005년 헌법재판소 결정 이후 대법원의 변화된 움직임이 포착됐다. 대법원은 2006년 사소한 조세경감이 생기는 것에 불과하다면 조세회피 목적이 없다고 판단하면서 그 기준을 완화하기 시작한 것이다. 그후 다소 변동은 있었지만 대법원은 명의신탁 증여의제의 적용 범위를 제한하는 일관된 입장을 보이고 있다. 예컨대 자본잉여금과 이익잉여금의 자본전입에 따른 무상증자로 취득한 주식, 명의신탁한 주식을 매도하고 그 대금으로 취득한 새로운 주식, 주식의 포괄적 교환이나 합병에 따라 명의수탁자가 취득한 신주는 이미 한 차례 증여의제 대상이 되어 과세되었다는 등의 이유에서 증여세 과세대상에서 제외되었다. 또한 명의수탁자가 명의신탁 받은 재산을 3개월 이내에 반환하는 경우나 명의수탁자 앞으로 주식이 명의개서된 이후 명의신탁자가 사망해 주식이 상속된 경우도 증여세 과세에서 제외된다고 보았다. 최초 명의신탁 후의 추가적 증여세 문제는 이제 유상증자에 참여해 인수한 신주 정도만 남은 셈이다. 과세당국에서도 이러한 추세에 부합해 명의신탁 증여의제의 납세의무자를 증여자로 변경해 학계의 중대한 위헌 지적을 반영했다. 대법원과 현재의 과세당국이 파수꾼으로서 헌법재판소의 명의신탁 증여의제에 대한 법적 통제 역할을 대신한 것이라고 평가할 만하다.

이러한 교정적 조치에 따라 현행 명의신탁 증여의제의 위헌적 요소는 상당히 감경되었으나 그 제도가 상증세법에 존치되어 있는 이상 내재적 문제점은 여전히 현재 진행형이다. 무엇보다도 명의신탁 증여의제의 납세자에게 과세표준 신고의무를 부과하고 이를 위반한다는 이유로 가산세를 부담시키는 것은 제재의 본질에 반하고 헌법상의 진술보장권과 무죄추정의 원칙에도 위배된다. 특히 연 9.125%의 납부 지연가산세는 무기한의 부과제척기간과 결합해 본세의 서너 배를 훌쩍 넘는 가산세 부담을 초래할 수도 있다. 심각한 주객전도의 상황이다. 신탁제도가 활성화된 미국, 영국은 말할 것도 없고 우리나라와 비슷한 신탁법제를 두고 있는 독일, 일본의 입법례에서조차 명의신탁을 증여로 의제하는 조항은 미증유(未曾有)다.

제도의 위헌성을 바로잡기 위해 조세회피 목적이 추정되는 요건 또는 그 추정이 복멸되는 요건을 법령에 직접 규정하자는 견해, 현행 명의신탁 증여의제 제도를 유지하면서 그 적용범위를 일정한 친족간으로 제한해야 한다는 견해 등도 경청할 만하지만 그러한 대증요법만으로는 문제 해결의 본질적 방안이 될 수 없다. 명의신탁 증여의제의 위헌성을 뿌리에서부터 해결할 수 있는 방책이 절실하다. 이를 위해서는 차제에 상증세법에서 명의신탁 증여의제를 삭제하고 위반자에게 과태료를 부과하거나, 부동산실명법과 유사한 단행법을 제정해 과징금 및 형사처벌 조항을 두는 것이 조세제도의 본질에 부합한다. 납세자가 증여자로 변경되어 전통적 증여세 과세 틀로부터 이탈한 현 시점이 적기일 수 있다. 조세회피를 위한 명의신탁의 비난가능성을 부인할 수는 없지만 형사벌의 규율 영역에서 담세력과 무관한 증여세를 과세하다가 자칫 세법 체계의 근간이 흔들리게 되는 교각살우(矯角殺牛)의 결과도 경계해야 한다.

05

상속세제의 백년대계(百年大計)

(2019. 12.)

　다사다난한 기해년도 어느덧 종착역에 다다르고 있다. 세상에서 피할 수 없는 두 가지는 '죽음'과 '세금'이라는 금언이 있는데, 상속세는 죽음과 세금의 경합적 결과물로서 작금의 백년인생에서 가장 원치 않는 사태일 것이다. 상속세에 대한 부정적 생각은 고대인들도 다르지 않았던 듯하다. 고고학 연구에 의하면 상속세는 고대 이집트 시대에도 존재했고 아버지 주택을 상속받은 아들이 세금을 내지 않아 많은 벌금을 물었다는 이야기, 상속세를 절감하기 위해 죽기 직전에 아들에게 아버지 재산을 매도했다는 일화 등이 파피루스에 기록되어 있다고 한다.

　18세기 이후 다수 국가들이 사망에 따른 재산의 이전을 과세계기로 보고 세금을 매기기 시작했는데, 그 모태는 로마 황제 아우구스투스가 창안한 제도라고 하니 실로 상속세의 역사는 유구하다. 미국에서는 1797년 유언장 집행과 상속재산 분배에 관한 인지세의 형태로 도입되었고 1898년 정식으로 상속세를 제정했다가 1916년 유산세 형태로 변경하고 1976년 유산세와 증여세를 통합하는 중요한 개정을 거쳤다. 2001년에는 조지 부시 대통령이 상속세의 연도별 순차 인하를 통한 상속세 폐지를 골자로 하

는 '경제성장과 감세조정법'을 제정해 시행했으나 그 일몰기한이던 2012
년 버락 오바마 정부의 '세금감면 및 일자리창출법'에 의해 부활됐다. 상
속세 역사만큼이나 이를 둘러싼 논의도 다채롭다.

2017년 기준 우리나라 상속세 세수는 약 2조 3,000억 원으로, 전체 국
세청 세수 255조 원의 약 0.91%를 차지한다. 한편 그 해의 상속인은 총
22만 9,828명이었는데 그중 상속세를 10원이라도 낸 상속인은 6,966명으
로 3.03% 정도에 불과하다. 그 명성에 비해 실제 세수 기여도나 세제의
영향력은 미미하다. 상속세의 이론적 근거로는 상속권 법정설, 국가용역
대가설, 회피조세 정산설 등 다양한 견해가 중세시대부터 주장되어 왔다.
그러나 오늘날은 상속세의 필요성을 기회균등의 실현이나 인적자본 비과
세에 대한 보완 등에서 찾는 견해가 일반적이다. 기실 완벽한 출발점 평
등을 구현하려면 상속인이 물려받는 지능, 체력 등 유전적 요소와 인적
네트워크 등 사회적 요소의 가치들도 고려되어야 하나 이러한 가치들은
금전적 환산이 불가능하다는 이유로 과세대상에서 제외된다.

우리나라의 상속세는 일제 강점기인 1934년 6월 시행된 조선 상속세령
을 통해 도입되었다. 광복 이후 1950년 상속세법이 제정되었고, 1996년
에는 법령의 명칭을 상속세법에서 상속세 및 증여세법으로 바꾸는 등 그
간 여러 차례의 개정을 통해 사회 · 경제적 여건 변화를 반영해 현재에 이
르고 있다. 상속세 계산의 첫 단계인 '상속재산가액'은 본래의 상속재산
외에 보험금 등 간주상속재산과 추정상속재산을 더해 산정된다. 특히 망
인이 사망 이전 1년이나 2년 이내에 2억 원 또는 5억 원 이상의 재산을
처분하거나 채무를 부담한 경우로서 그 용도가 객관적으로 명백하지 아니
한 경우에는 상속받은 것으로 추정되는데, 실무상 이러한 추정상속재산에
대한 과세문제가 심각하다. 망인의 상속재산가액이 산출되면 비과세대상
및 과세가액 불산입대상을 빼는데 공익법인에 출연한 재산의 과세가액의
불산입이 대표적이다. 위 과정을 통해 산정된 '과세대상 상속재산가액'에

서 공과금, 장례비용 및 채무액을 공제하고 누진세 효과를 위해 사망 전 10년 이내에 망인이 상속인에게 증여한 재산 등의 가액을 가산하면 비로소 '상속세 과세표준'이 산정되며 종전 증여재산에 대해 납부한 증여세는 공제된다. 상속세율은 초과누진세율의 구조로, 과세표준 1억 원 이하는 10%, 5억 원 이하는 20%, 10억 원 이하는 30%, 30억 원 이하는 40%, 30억 원 초과는 50%의 세율이 각각 적용되어 상속세가 산출된다. 한 세대를 건너뛰면서 조부모에서 손자녀에게 곧바로 상속이 되면 산출세액의 30%가 할증된다는 사실도 주목된다.

어느덧 고희를 맞는 우리나라 상속세제에 대해서는 다양한 비판이 제기된다. 우선 특정 재산에 대한 상속세율이 지나치게 높다는 점이다. 예컨대 비상장회사의 최대주주의 주식은 보충적 평가방법에 따른 가액에 30% 할증액을 더한 금액으로 평가되기 때문에 상속세 실효세율은 65%에 달한다. 사실상 조문(弔問) 시점에 망인 회사의 지배권을 대가 없이 수용하는 것과 진배없다. 사망 당시 상속세를 과세하는 대신 상속인의 취득가액을 시가로 증액시켜 주어 상속재산의 미실현이익에 대한 양도차익 과세가 누락되는 것이라는 주장도 있다. 또한 공제제도가 지나치게 제한적으로 운용된다는 학계의 견해도 일리가 있다. 배우자와 1명의 자녀를 가정할 경우 우리나라의 상속세 면세점은 약 10억 원으로 미국의 55억 원, 일본 23억 원, 독일 17억 원에 비해 현저하게 낮은 수준이라는 것이다. 상속재산이 소득세를 납부하고 모아 놓은 것임에도 별다른 공제 없이 다시 고율의 상속세를 부과하는 것은 재산권 침해의 소지가 크다. 우리나라 상속세는 누진과세를 위해 망인의 전체 재산을 기준으로 일률적으로 과세를 하는 유산세 방식으로 개별 상속인의 경제적 능력을 고려하지 않아 응능과세원칙에 반한다는 지적도 있다. 상속재단이 납세자가 되는 미국에서는 유산세 방식이 타당하지만 상속인들이 납세자가 되는 우리 세제에서는 유산취득세 방식을 도입해 개인의 실제 담세력에 비례해 상속세를 부과해야 한다는 주장도 일견 타당하다.

　미국의 경우 상속세 폐지를 번복하는 과정에서도 상대적으로 낮은 상속세율을 적용하며 세제완화 기조를 유지하고 있다. 캐나다는 상속세를 과세하지 않으며 상속재산에 대해 자본이득이 발생한 경우 그 자본이득의 50%를 과세한다. 캐나다의 상속세 폐지는 미미한 세수 수입 대비 오히려 자본이득세로 과세하는 것이 불필요한 납세자의 조세순응비용과 과세관청의 행정비용을 절감한다는 사고에 기초했다. 스웨덴에서는 역외 상속의 경제적 유인을 감소시키고 가족기업의 존속불확실성을 제거하기 위한 방책으로 2005년 상속세를 폐지했다. 그 결과 해외로 유출되던 자본이 다시 스웨덴으로 돌아왔고 법적 불안정성을 낮추어 기업의 경쟁력 향상에도 기여했다는 연구 결과도 있다. 이러한 이론적 논의와 입법례를 성찰하면 상속세는 자본이득세와 조화롭게 정비하는 것이 필요하고 이를 바탕으로 사망 당시 상속세의 부담은 낮추되 망인의 취득가액을 상속인들이 그대로 승계하도록 해 추후 양도소득세를 과세하는 방안을 하나의 대안으로 고려해 봄직하다. 국경을 넘나드는 인적 이동이 자유로운 백세(百歲) 시대를 맞이해 한 개인이 평생을 통해 형성한 상속재산에 대해 어떠한 방식으로 합리적 과세를 할 것인가에 대한 신중하고도 진지한 담론이 추진될 필요가 있다. 백년대계형 상속세의 설계시점이다.

06

백년기업 육성과 가업승계세제

(2021. 06.)

　기업승계를 목전에 둔 중소기업의 창업 1세대가 평생 일군 회사를 매
각한다는 소식을 자주 접하게 된다. 인수합병(M&A) 업계에서도 매물 기
업이 중소기업에서 중견기업으로 점차 확대되는 추세라고 한다. 최저임금
인상 등 입법환경의 변화도 있지만, 무엇보다 기업승계에 따른 과중한 상
속세가 주된 이유인 듯하다. 현행 세제하에서는 기업이익에 대해 최대
49.5%의 소득세나 27.5%의 법인세가 부과된다. 상속시에는 최대 기업가
치의 60%가 상속세로 과세된다. 동업기업의 경우 일방이 먼저 사망하면
상속세 부담 때문에 타방에게 경영권이 이전되는 경우도 허다하고, 상속
세 재원이 없어 기업이 청산되거나 사실상 국유화되는 경우도 존재한다.
국가는 세금 명목으로 기업의 생애에 걸쳐 수익가치 상당 부분을 강제 배
분받는 것은 물론 상속시에는 그 처분가치 절반 이상을 회수하는 특수한
대주주인 셈이다.

　중소기업중앙회의 2018년 통계에 따르면 중소기업은 663만 8,694개에
달해 전체 기업의 99.9%를 차지할 뿐 아니라 근로자 수도 1,710만 3,938
명으로 83.1%의 고용을 책임지고 있어 우리산업의 근간을 이루고 있다.

이 때문에 과도한 기업승계 조세부담은 기업의 경제상 자유와 창의를 존중하고 중소기업을 보호 · 육성해야 한다는 헌법정신에도 반한다는 비판이 거세다.

현행 가업승계세제는 사후 가업상속공제와 생전 증여세과세특례가 대표적이다. 상속세와 증여세 감면혜택은 부여하지만 상속인이 종전 취득가액을 승계하게 해 추후 처분시 양도소득세를 부담해야 한다. 가업상속공제는 10년 이상 제조, 건설 등 특정업종을 경영한 중소 · 중견기업을 대상으로 그 부모가 주식의 50%(상장법인은 30%) 이상을 10년 이상 계속 보유하고, 총 가업영위 기간의 절반과 10년 이상의 기간 동안 대표자로 재직해야 한다. 18세 이상인 자녀가 2년 이상 가업에 종사하고 상속세 신고기한까지 임원으로 선임되며 2년 이내에 대표이사로 취임하는 경우 상속재산가액 총 200억 원(경영기간이 20년 이상시 300억 원, 30년 이상시 500억 원)을 한도로 상속세를 면제한다. 그러나 상속 개시일로부터 7년 동안 자산처분, 지분감소, 고용감소 등 일정 사유의 발생시 감면받은 상속세가 추징된다. 증여세과세특례는 60세 이상의 부모가 중소기업 지분을 50%(상장법인은 30%) 이상 보유한 최대주주로 10년 이상 가업을 경영하고, 18세 이상의 자녀가 증여받은 달로부터 3개월 이내에 가업에 종사하며 5년 이내에 대표이사에 취임할 경우 100억 원을 한도로 증여세 과세가액에서 5억 원을 공제하고 30억 원까지 10%, 30억 원 초과시 20%의 저율의 증여세를 적용한다.

가업상속공제와 증여세과세특례는 1987년과 2008년에 각기 도입됐지만 그 이용실적은 저조하다. 2020년 국세통계연보에 따르면 가업상속공제 이용 현황은 88건(2,363억 원), 증여세과세특례는 172건(2,383억 원)에 불과하다. 같은 기간 동안 증여세 과세인원이 16만 9,911명, 증여재산가액이 약 29조 원, 상속세 과세인원이 8,357명, 상속재산가액이 약 16조 원인 것에 비하면 매우 미미한 수치다. 2014년 세법개정시 가업상속의 공

제율과 한도를 확대하면서 밝힌 '전문성을 지닌 중견 장수기업의 기술과
경영 노하우 승계 및 일자리 유지의 장려'라는 입법 취지가 무색한 실정
이다. 또한 2019년 개정에서는 피상속인의 경영기간에 따른 300억 원 및
500억 원의 면제요건을 15년·20년에서 20년·30년으로 보다 장기화했
고, 중견기업에 대해서는 상속가업 외의 상속재산이 일정액 이상 존재하
면 가업상속공제의 적용을 원천적으로 배제하기까지 했다.

 그에 비해 유수의 선진국들은 보다 완화된 요건하에서 가업승계를 적
극 지원하고 있다. 독일의 경우 대상기업에 대한 규모 및 업종제한이 없
고, 피상속인에게 요구되는 지분은 25%에 불과하다. 또한 상속인이 가업
에 종사하거나 대표이사로 취임할 것을 별도로 요구하지 않는다. 일본은
2008년 '경영승계원활화법'을 제정해 사업승계세제, 금융지원제도, 유류분제
도의 특례를 종합적으로 마련했는데, 가업영위기간의 제한이나 상속세 및
증여세의 공제한도가 없고 사후관리기간도 5년으로 짧으며 고용·재산·업
종 유지 의무를 부과하고 있지 않다. 영국의 기업자산상속공제제도 역시
기업 규모의 제한이 없고 승계 이후의 사후관리요건이 존재하지 않으며,
프랑스도 상속 후 3년간의 기업경영, 4년간의 지분 보유라는 간단한 사후
관리요건만을 두고 있다. 참고로, 미국의 경우 적격가업상속자산공제를
두고 있었으나 트럼프 정부하에서 상속세 면세점을 1,000만 달러로 증액
하는 등 일련의 감세법안을 통과시키면서 별도 가업상속공제제도를 운영
할 실익이 존재하지 않아 폐지됐다.

 현행 가업승계세제에 대해서는 다양한 개선책이 제시되고 있다. 우선
가업승계라는 용어는 소상공인이나 자영업자의 영업승계와 같은 좁은 의
미로 오해될 여지가 있으므로 '기업승계'나 '사업승계'로 변경하는 것을 생
각해 봄직하다. 또한, 그 적용요건도 완화하고 혜택도 확장할 필요가 있
다. 적용대상을 중소기업과 일부 중견기업에 한정할 필요없이 영국과 같
이 규모와 업종을 대폭 확대해 적용하고, 독일처럼 보유지분의 비율도

25% 수준으로 축소하자는 견해도 일리가 있다. 현행 증여세과세특례의 한도 100억 원이 상속세과세특례 최대 500억 원에 현저히 미달하므로 이를 독일이나 일본과 같이 상속과 동일하게 규율하는 것이 바람직하다. 비교법적으로 우리나라의 사후관리 요건이 지나치게 엄격하므로, 그 기간을 5년 이하로 단축하고 고용 및 급여유지 의무는 추가 인센티브를 부여하는 방식으로 전환하는 것이 필요하다. 중소기업의 승계는 개인의 부(富)가 단순하게 이전되는 일반상속과는 달리 기업의 생존노력을 통해 근로자의 고용과 지역사회 및 국가경제의 발전에 이바지하는 일이다. 백년기업의 육성을 위해 가업승계세제의 적극적 활용을 뒷받침 할 수 있는 제도 설계의 고민이 절실한 시점이다.

국제조세
산책

국외이주와 출국세

(2017. 09.)

　국내 비상장회사의 주식을 다량 보유하던 어느 한국 주주가 국적을 포기하고 미국으로 이주한 다음 그 주식을 전량 처분했다. 그 주주가 미국으로 전출하기 전에 주식을 양도했다면 과세관청은 그 주식양도차익에 대해 과세권을 행사할 수 있었으나 양도 당시 미국 거주자였으므로 한·미 조세조약의 양도소득 비과세 조항에 따라 과세권을 행사할 수 없게 됐다. 가상의 사례다.

　오래 전부터 거주지 이전을 통한 절세 시도는 존재해 왔다. 높은 세부담을 지는 국가에 거주하는 납세자가 세부담이 낮은 국가로 거주지를 이전하면 손쉽게 조세절감의 혜택을 누릴 수 있다. 1970년대 말 스웨덴의 테니스 스타 비외른 보리가 세금을 피해 모나코로 이주한 사례는 유명하다. 근자에는 페이스북 공동창업자인 에두아르도 사베린이 기업공개 전인 2008년 미국 국적을 포기하고 싱가포르로 이주한 뒤 거기서 38억 달러의 주식양도차익을 실현해 미국 국세청이 6억 달러의 과세 기회를 상실한 것이 화제가 됐다.

　거주지 이전에 따른 이 같은 세수결손은 내년부터는 차단될 전망이다.

2016년에 도입된 출국세가 2018년 1월 1일부터 시행되기 때문이다. 과세
대상 대주주에 해당하는 국외이주자가 10년 전부터 출국일까지 국내에 5
년 이상 거소를 두었다면 그 대주주는 출국 시점에 보유 주식의 미실현
이익의 20%를 출국세로 납부해야 한다.

출국세는 40~50년 전부터 미국, 독일, 캐나다 등 주요 선진국에서 시
행돼 온 제도다. 경제협력개발기구(OECD)도 2015년 세원잠식과 소득이
전방지 프로젝트(BEPS)의 실행계획 6에서 출국세 부과를 권고하고 있다.
일본도 2015년 7월 1일부터 출국세를 도입해 시행하고 있다. 최근 10년
간 우리나라의 국적포기자가 20만 명을 훌쩍 넘어서는 상황에서 출국세
도입은 과세권 확보 차원에서 수긍할 만하다. 그동안 과세관청은 거주자
개념을 확대하는 방식으로 이 문제에 대응했으나 정식의 입법정비가 이뤄
진 셈이다. 향후에는 과세대상이 주식만이 아니라 다른 재산으로도 확대
되고 법인에 대한 출국세 도입도 검토될 것으로 보인다.

다만 출국세는 미실현 소득에 대한 과세이고 이주국의 과세권 행사방
식에 따라 이중과세가 발생할 수 있어 납세자의 거주이전의 자유와 재산
권 및 평등권을 침해한다는 헌법상 정당성 문제가 있다. 출국세제도가 납
부유예, 손실의 사후조정, 외국납부세액공제 규정을 둬 헌법위반의 소지
를 줄이고 있지만 특별한 형태의 세제이므로 향후 시행 과정에서 제기되
는 문제점을 주시해 적시에 보완할 필요가 있다.

납세자의 이민은 우리나라의 세수 상실을 초래함은 물론 재산의 국외
이탈을 수반해 고용과 소비도 줄어들게 한다. 저출산으로 인구가 줄어드
는 마당에서 고소득자 중심의 국외 전출자의 증가는 결코 바람직하지 않
다. 출국세를 통해 국외이주를 억제할 필요도 있지만 차제에 더 나아가
자력이 있는 외국인에 대해 우리나라로 전입을 유도하도록 세제상의 유인
을 제공하는 조치도 보강할 필요가 있다.

우리나라는 일정한 외국인 기술자가 내국인에게 근로를 제공하고 받는

근로소득에 대해 2년간 소득세의 50%를 감면해주고 외국인 임원 또는 사용인이 국내에서 근무해 받은 근로소득에 대해 5년간 19%의 단일세율로 과세하는 혜택을 주고 있다. 단기 거주 외국인의 국외소득에 대해서도 국내로 송금된 부분만 과세하는 특례규정을 두고 있다. 그러나 이들 규정은 한시적이거나 혜택 정도가 크지 않다. 외국인 투자에 대한 법인세 감면과 같이 보다 근본적인 조세유인을 제공할 필요가 있다. 바야흐로 우수 인력과 자본을 유치하기 위한 전 세계적 조세경쟁 시대의 한가운데 서 있다. 국외이주자에 대한 출국세의 부과가 출국패널티(exit penalty)라면 이제는 반면교사로 우수인력의 입국에 대해 입국보너스(entry bonus)의 제공을 강화하는 것도 생각해 볼 시점이다.

02
국제조세협회와 서울 조세올림픽

(2018.01.)

　무술(戊戌)년 새해가 밝았다. 천간의 하나인 무(戊)는 만물이 무성하게 자라는 것을 의미한다고 한다. 무의 해인 무자년에는 대한민국 정부수립, 무진년에는 서울 하계올림픽이 있었다. 무술년에도 국운 상승의 기회인 평창 동계올림픽이 내달 개최되고 다수의 국제행사가 예정돼 있다. 그 행사 중 하나로 9월 서울에서 열리는 국제조세협회(International Fiscal Association, IFA) 정기총회를 주목할 필요가 있다. IFA 정기총회는 한국국제조세협회가 개최하는 전 세계적 행사로 100여 개국, 2,000명 이상의 조세전문가들의 참석이 예상된다. 그 규모로 따지자면 가히 '조세분야의 올림픽'이라 할 수 있다.

　한국국제조세협회는 IFA의 한국지부로 올해로 35주년을 맞이하는 조세학술단체다. 조세법은 다른 법학 분야에 비해 국제적 연구와 교류가 활발한데, 그 중심에 있는 세계적 학술기구가 IFA다. 1938년 네덜란드에 본부를 두고 설립돼 70여개국에 지부를 두면서 전 세계 116개국에 1만 2,500명 이상의 회원을 보유하고 있다. 민관의 조세전문가들을 회원으로 아우르고 있다는 점에서 각국 정부가 대표자를 파견하는 OECD 조세정책센터, UN 조세전문가위원회나 각국 민간 경제단체가 회원으로 참여하는 국제상공회의소 조세위원회와 구별된다.

IFA의 설립목적은 각국 세법에 대한 비교법적 검토를 통해 국제조세와 재정분야에서 발생하는 문제를 파악하고 근본적 해결책을 제시하는 것이다. 특히 2차 세계대전 이후 각국 과세권이 상충할 수 있는 국제조세 영역에서 법원칙을 확립하고 문제해결에 필요한 실무적 접근법을 제시하는 데 크게 기여하였다고 평가된다. 최근에도 조세피난처를 통한 역외탈세 및 세원잠식에 대해 구글세, BEPS 프로젝트 등을 통한 대응방안을 모색하고 있다. 앞으로도 가상화폐 등 새롭게 등장하는 이슈에 대한 폭넓은 연구와 논의의 장이 될 것이다.

IFA의 기구로는 운영 전반에 관한 사항을 의결하는 '집행위원회'와 IFA의 연구활동에 대한 계획과 진행을 관리·감독하는 '학술위원회'가 있다. IFA는 특별한 산하단체를 두고 있는데, 'Young IFA Network(YIN)', 'Women IFA Network(WIN)'가 그것이다. YIN은 40세 이하의 신진연구자들로 구성돼 있는 전 세계적 네트워크다. 우리나라를 포함해 46개 IFA 지부에 설치된 YIN은 젊은 전문가들의 교류의 장이 되고 미래 주축 인재 양성의 디딤돌 역할을 톡톡히 하고 있다. WIN은 여성 조세전문가로 구성된 국제조직이다. 여성회원수가 2,000명을 넘는 상황에서 WIN의 국경을 넘나드는 학술교류와 우애는 부러움의 대상이 되고 있다.

IFA 정기총회는 매년 1차례 지부가 설치된 회원국에서 개최된다. 2016년에는 스페인 마드리드에서, 2017년에는 브라질 리우에서 각각 정기총회가 성황리에 열렸다. 정기총회는 2개의 대주제와 10개 남짓한 세부주제에 대해 각 주제별로 세미나 형식으로 진행된다. 대주제 세미나는 심도 있는 발제와 토론을 거쳐 국제조세 현안문제를 해결할 실무적 해답과 대안을 제시한다. 정기총회 후 대주제에 관해 'Cahiers de Droit Fiscal International'이라는 책자가 출간된다. 이 책자는 1939년 이래 2017년까지 총 102권이 발간돼 현재까지 그 유구한 전통이 계승되고 있다. 또한 신진학자들을 대상으로 부가가치세 창시자인 프랑스인의 이름을 본뜬 Maurice Lauré상, 초대 IFA 명예회장의 이름을 계수한 Mitchell B. Carroll상, IFA 회장이 수여하는 YIN 학술상도 시상된다.

　IFA 서울 정기총회는 2007년 일본 교토, 2014년 인도 뭄바이에 이어 아시아에서는 3번째로 열리는 것으로 IFA의 팔순(八旬) 잔치이기도 하다. 서울 정기총회에서는 최근 핵심 쟁점인 '일반적 조세회피행위 방지규정' 및 'BEPS, CIV 및 디지털 경제에서의 원천징수' 문제가 대주제로 논의되고 그 결과가 실무와 제도에 반영될 것이다. 무술년 평창 동계올림픽이 체력(體力)의 영역에서 우리나라를 홍보하는 자리라면 서울 조세올림픽은 지력(智力)의 영역에서 우리나라의 실력을 발휘할 좋은 기회다. 이번 정기총회를 통해 우리나라의 조세분야 학문과 실무가 명실상부하게 선진국의 반열에 오를 수 있을 것이다. 무술년 새해에는 체·지력 모두에서 그 위상이 세계적으로 드높아지는 대한민국을 그려본다.

03

스위스 비밀금고 시대의 종언

(2018. 05.)

 '정기 금융정보교환을 위한 조세조약 이행규정'이 올해 4월 30일 개정
되어 지난 1일부터 시행됐다. 금융정보교환은 해외소득과세를 정상화하고
해외재산은닉을 억제하기 위한 것이다. 올해부터는 중국·일본·러시아·
스위스·호주 등 26개국이 추가돼, 국세청은 60개 관할권에 그곳 거주자
의 국내금융정보를 제공하고 78개 관할권으로부터 국내 거주자의 해외금
융정보를 수취할 예정이다.

 국제적 금융정보교환은 미국의 스위스 은행 빗장풀기에서 본격 시발됐
다. 미국 국세청은 2007년 캘리포니아 부동산 재벌 이고르 올레니코프에
대한 세무조사에서 스위스 UBS 은행이 탈세를 도운 사실을 포착했다. 미
국 국세청은 UBS 은행을 조사해 스위스에 비밀계좌를 가진 미국 납세자
가 52,000명, 그 액수는 148억 달러에 달한다고 파악했다. 미국 정부는
2009년 UBS 은행에 대한 형사사건에서 300여 명의 고객정보를 제공받고
나아가, 52,000명 고객정보의 제공을 구하는 민사소송까지 제기하며 전방
위적 압박을 가했다. 물론, 스위스도 가만히 있지만은 않았다. 스위스 연
방법원은 2010년 1월 미국 정부에 대한 과세정보의 제공을 일체 금지하

는 판결을 내리며 맞섰다. 그러나 지난한 협상 끝에 스위스 정부는 미국 정부에게 비밀계좌를 보유한 약 7,500명의 고객정보를 제공하기로 합의했고, 이를 스위스 의회에서 2010년 6월 최종 인준했다. 이로써, '스위스 은행 비밀계좌 시대'는 막을 내렸다.

이후 미국과 유럽국가들은 앞서거니 뒤서거니 하며 국제적 금융정보 교환시스템을 구축해 나갔다. 발 빠른 행보는 미국이었다. 오바마 행정부는 2010년 '해외금융계좌납세협력법(FATCA)'의 입법에 성공했다. FATCA의 골자는, 외국 금융기관들에 대해 미국 시민권자의 금융정보 보고를 의무화하는 것이었다. 만약 외국 금융기관이 보고의무를 불이행하면, 그 금융기관의 미국 투자자산소득에 대해 30%의 징벌적 원천징수세가 부과된다. 미국은 FATCA의 이행을 위해 상대국 정부와 양자간 금융정보 자동교환약정을 체결해 오고 있다. 영국, 독일 등도 금융정보 교환제도의 도입을 추진했는데, 미국과는 달리 다자간금융정보의 자동교환 방식이었다. 경제협력개발기구(OECD) 국가들은 2014년 독일 베를린에서 조세정보 교환 절차를 구체화하는 '다자간 금융정보자동교환 협정(MCAA)'에 서명하였다. MCAA 참여국의 금융기관들은 다른 참여국의 거주자가 보유하고 있는 금융계좌에 대한 정보를 매년 정기적으로 해당 세무당국에 보고할 의무를 부담한다.

우리나라는 미국의 FATCA와 OECD의 MCAA를 각각 수용하는 투 트랙의 금융정보 교환제도를 갖추고 있다. OECD는 2012년 조세행정에 관한 정보교환 등을 목적으로 하는 '다자간 조세행정공조협약'에 가입한 데이어, 2014년 MCAA에 서명하여 2017년 9월부터 금융회사로부터 제출받은 거주자의 금융계좌정보가 연간 1회 자동적으로 교환된다. 미국과는 2014년 '금융정보 교환협정'을 체결하였고 2016년 9월부터 한·미 양국의 국세청이 매년 정기적으로 금융계좌정보를 교환해 오고 있다. 뿐만 아니라 2016년 10월에는 싱가포르와, 2017년 1월에는 홍콩과 '금융정보자동교환협정'을 체결하여 운영 중이다.

또한, 금융정보교환이 차질 없이 이루어지도록 국내세법에 근거규정을 두고 '정기 금융정보 교환을 위한 조세조약 이행규정'을 마련하여 촘촘하게 체계를 구축하고 있다. 계좌보유자의 이름, 주소, 생년월일 등 '식별정보', 계좌번호와 금융기관명 등 '계좌정보', 계좌 잔액, 해지 여부, 해당 계좌에 지급되는 지급액 등 '금융정보'가 교환대상이다. 외국 금융기관에 계좌를 가지고 있는 한국인 또는 우리나라 은행에 계좌를 가지고 있는 외국인에 대해 적용된다.

금융정보의 국제교환을 통해 조세탈루를 억제하고, 신고납세의무의 촉진과 조세부담의 공평성을 실현할 수 있는 장점이 있음은 분명하다. 반면, 개인의 금융정보가 부지불식간에 외국 세무당국에게 전달될 수 있다는 개인정보 침해문제가 제기된다. 수사기관에 대해 엄격하게 적용되는 영장주의 원칙의 예외를 외국 세무당국에 허용하는 것이 부당하다는 지적도 있다. 실제로 미국과 유럽연합은 개인의 금융정보보호와 관련하여 안전조항(safe harbor rule)에 합의하기 이전까지 상당한 갈등을 겪은 바도 있었다. 국가간 협력강화를 통해 조세회피 및 이중과세를 방지하는 국제적 공조체계를 구축함과 동시에 개인의 프라이버시 보호문제를 보완하는 '운용의 묘'가 절실한 시점이다.

04

디지털 과세와 법고창신(法古創新)의 지혜

(2018. 08.)

 내달 초 서울에서 열리는 국제조세협회 제72차 세계총회의 대주제가 '디지털 경제 하에서의 과세문제'이다. 전 세계적으로 다국적 IT 기업에 대한 '디지털 과세' 도입 논의가 뜨거운 감자라는 점을 반영한 것이다. 지구촌의 조세전문가들이 참석하는 국제조세 분야 올림픽에서 핵심주제로 심도 깊게 논의될 것이다. 논쟁의 발단은 유럽연합(EU) 집행위원회가 2017년 9월 아마존, 페이스북, 구글 등 미국의 글로벌 업체가 제공한 디지털 서비스에 대한 원천과세, 디지털 광고수익에 대한 과세방안을 담은 보고서를 발표하면서 시작되었다. 나아가 EU 집행위원회는 2018년 현재 프랑스 주도 하에 '형평세(equalization tax)' 도입을 시도하고 있다. 형평세란 글로벌 기업이 진출한 국가에서 매출이 발생하였다면 순이익과 무관하게 그에 상응한 세금을 내도록 하는 제도이다. 형평세가 도입되면 연매출의 2% 정도를 세금으로 부과할 가능성이 높은 것으로 전해진다.

 디지털 경제는 인터넷을 기반으로 한 온라인의 가상공간에서 이루어진다. 즉, 물리적 실체에 기반을 두는 전통적 경제와는 본질적 차이가 있는 것이다. 디지털 경제의 상거래 유형으로는 인터넷 광고, 앱 스토어, 온라인 쇼핑, 클라우드 컴퓨팅이 대표적이다. 이러한 디지털 경제는 특정한 시·공간의 제약을 받지 않는다는 '이동성', 새로운 참가자들이 증가할수록 기존의 사용자들이 누리는 편익이 상승하는 '네트워크 효과', 정보사용자들이 무료로 참여하고 그를 기반으로 제공하는 서비스에 의해 다른 곳에서 수익을 창출하는 '수익원천의 다양성'이라는 고유의 특성을 갖는다.

디지털 경제에서는 국제조세 분야도 예전과는 다른 현실적 문제들에 직면하고 있다. 고정사업장이 없다면 외국기업의 사업소득에 대해 과세할 수 없다는 것이 국제조세의 기본법리이다. 사업을 영위하기 위해 외국기업이 국내에 두고 있는 공장 등 시설을 고정사업장이라고 한다. 물리적 공간에서 사업이 행해지는 전통적 경제에서는 외국기업이 국내에서 의미있는 소득을 얻기 위해서는 고정사업장의 설치가 필요했으므로 국세청은 비교적 용이하게 그 사업장을 파악하여 과세권을 행사할 수 있었다.

그러면 디지털 경제에서 우리가 매일 사용하는 스마트폰 앱 스토어의 고정사업장은 어디일까? 전통적 국제조세 법리상 서버가 고정사업장이 되므로 만일 외국기업이 서버를 역외에 두고 사업을 한다면 국내에서 아무리 많은 소득을 얻더라도 국세청은 수수방관할 수밖에 없다. 앱 스토어를 이용하여 다운받는 고객이 있는 국가에 고정사업장이 있다는 주장도 있지만 현행법상 수용하기 어려운 견해이다. 더 이상 굴뚝이 존재하지 않는 디지털 경제 시대에는 전통적 고정사업장 개념에 부합하는 장소를 찾는 것이 거의 불가능하게 되었다. 이러한 문제를 해결하기 위해 경제협력개발기구(OECD)는 물리적 실체와 무관한 '디지털 실체' 또는 '가상의 고정사업장' 등 새로운 고정사업장 개념을 제안하고 있다. 한편, 영국은 '우회이익세'라는 세목을 도입하여 국내에 굴뚝이 없는 IT 기업을 과세 범위 내로 포함시켰다. 인도는 디지털 재화를 소비하는 행위에 대하여 세금을 부과하는 '균등부과세'를, 터키는 소셜네트워크 플랫폼에 대한 과세를 위하여 '전자상거래에 대한 원천징수세'를 각각 도입하였다.

우리가 일상적으로 커피를 마시고, 영화를 관람할 때 납부하는 부가가치세도 디지털 경제 하에서는 새로운 문제에 직면한다. 부가가치세법상 재화나 용역의 공급장소가 국내라면 외국기업도 부가가치세 납세의무를 질 수 있다. 카페에서 커피를 마시는 경우, 그리고 영화관에서 영화를 관람하는 경우에는 그 카페와 영화관이 재화 또는 용역의 공급장소가 됨은 명백하다. 그러나 휴대폰을 통하여 유튜브에 업로드된 동영상을 시청하는 경우 그 공급장소는 어디일까? 유튜브 서버가 있는 장소일 수도 있고, 개별 스마트폰 이용자가 동영상을 시청하고 있는 바로 그 장소일 수도 있다. 기존의 우리나라 판례들을 보면 구체적인 기준은 제시하지 않고, '중요하고 본질적인 부분의 공급이 어디에서 이루어졌는지 여부'에 따라 공급지를 판단하고 있다. EU나 일본은 제공되는 용역의 특성별로 공급장소를 다르게 규정하고 있는 반면, 우리 부가가치세법은 전자적 용역에 대해서도 '역무가 소비되는 장소'라고만 규정하고 있어서 공급장소의 판단도 사안마다의 해석에 따라 그때그때 달라지게 된다. 향후 발생하게 될 더 많은 디지털 거래 유형에 대비하여, 지금이라도 관련 법령을 정비하여 혼란을 미연에 방지하는 것을 기대해 본다.

전광석화와 같은 IT 기술의 발전으로 디지털 경제의 세무문제는 이제 모든 산업 및 소비 영역으로 넘어왔다. 굴뚝산업 시대의 전통적인 조세체계가 디지털 경제 시대에도 그대로 적용될 수 있는 '알맞은 옷'인지에 대한 깊이 있는 성찰이 필요한 시점이다. 특히 우리나라는 디지털 상품을 누구보다도 빨리 소비하는 얼리 어답터 국가이기도 하지만, 기술 및 무형 자산의 소유자로서 이를 수출하는 세계적인 IT 강국의 위치에 있다는 사실도 중요하게 고려되어야 한다. 디지털 경제 시대의 국제조세의 패러다임이 변할 필요는 누구라도 부인하기 어렵다. 그러나, 그 변화는 헌법상 조세법률주의 원칙 하에 납세자의 예측가능성과 법적 안정성이 보장되는 합리적 틀 안에서 행해져야 할 것이다. 기존 제도에 담긴 지혜는 그대로

계승하면서 새로운 시대에 걸맞는 법령을 만들어야 한다. 옛 선현(先賢)들의
온고지신(溫故知新)과 법고창신(法古創新)의 예지가 어느 때보다 절실한 시점
이다.

해외금융계좌신고와 과유불급(過猶不及)

(2019. 06.)

2010년 국제조세조정에 관한 법률에서 도입된 해외금융계좌 신고제도가 어언 10년이 다 되어간다. 국세청 통계자료 기준 2011년 신고인원 525명, 신고금액 11조 5,000억 원이던 것이 2018년에는 신고인원 1,287명, 신고금액 66조 4,000억 원으로 인원은 갑절, 액수는 여섯 곱절로 급증했다. 신고대상자산의 비율로 보면 예·적금 등 현금성 자산이 41조 원으로 약 62%를, 주식이 20조 8,000억 원으로 약 31%를, 파생상품 및 그 밖의 자산이 4조 6,000억 원으로 약 7%를 차지하는 형세다. 해외계좌 등에 예치된 금액을 기준으로 할 때 개인은 미국, 싱가포르, 일본, 법인은 일본, 중국, 홍콩이 수위권을 유지했다. 한편 신고의무 불이행을 이유로 2011년부터 현재까지 324명에게 946억 원의 과태료가 부과됐고, 38명이 형사고발됐으며, 6명은 그 명단이 공개되기도 했다. 특히 올해부터는 신고기준금액이 기존의 10억 원에서 5억 원으로 하향됐으므로 신고인원 및 신고금액이 또 한 번 크게 증가하는 전환점을 맞이할 것으로 보인다.

거주자 및 내국법인이 2018년에 보유한 각 해외금융계좌 잔액 합계가 매월 말일 중 어느 하루라도 5억 원을 넘었다면 올해 6월 1일부터 7월 1

일까지 그 계좌 내역을 신고해야 한다. 해외금융계좌란 해외금융회사에 금융거래를 위해 개설한 계좌를 말하며, 그 계좌에 보유한 현금, 주식, 채권, 집합투자증권, 보험상품 등 모든 금융자산이 신고대상이 된다. 차명계좌의 경우 명의자와 실소유자 모두 신고의무가 있고, 해외 특수목적법인(SPC)이 보유한 계좌의 실질귀속자가 내국법인인 경우 그 내국법인이 신고의무를 진다. 2018년 신고한 계좌의 잔액에 변동이 없더라도 2019년에 다시 신고해야 한다. 신고금액과 관련해 그 자금출처에 대한 세무조사가 수반될 수 있다. 해외금융계좌를 통해 보유하지 아니한 해외자산, 예컨대 해외에 직접 투자해 설립한 해외 현지법인에서 받은 배당 등은 해외금융계좌 신고대상이 아니지만, 해당 소득은 여전히 종합소득세 또는 법인세 신고대상이 된다는 점도 주의를 요한다. 미신고자로 확인될 경우 미신고금액의 최대 20%의 과태료가 부과될 뿐만 아니라 그 미신고금액이 50억 원을 넘으면 형사고발 및 명단공개의 대상이 되기까지 한다. 또한 과세관청은 '중요자료 제보자에 대한 포상금 지급제도' 및 '스위스, 싱가포르 등 79개 국가와의 금융정보 자동교환협정 체결'이라는 씨실과 날실을 통해 미신고 혐의자에 대한 사후 검증 절차를 어느 때보다 촘촘하게 갖추고 있다.

　이러한 해외금융계좌 신고 의무의 연원은 태평양 너머에 있는 미국의 해외금융계좌 신고제도(Report of Foreign Bank and Financial Accounts, FBAR)다. 미국은 1977년 해외로의 자금유출 및 국내로의 반입을 감시할 목적으로 세계에서 가장 먼저 해외금융계좌 신고제도를 도입했다. 전년도 기준 연중 한 번이라도 해외계좌의 잔고가 합산해 1만 달러를 초과하는 경우 납세자에게 신고의무가 부과된다. 과태료는 원칙적으로 미신고 계좌당 1만 달러가 부과된다. 그러나 고의적으로 신고하지 않은 경우에는 10만 달러 또는 계좌 잔고의 50% 중 더 큰 금액이 부과되고, 형사처벌의 대상이 될 수도 있다. 다만 미국에서는 신고의무를 이행하지 아니한 자들에 대한 구제를 위해 한시적 사면 프로그램인 역외자산 자진신고 프로그램(Offshore Voluntary Disclosure Program), 간편 자진신고제도(Streamlined Filing Compliance Procedures) 등을 수시로 시행하고 있다. 영국도 미국과 대동소이한 해외금융계좌 신고제도를 운영하는데, 가산세 감경 혜택을 주는 한시적 자진신고 프로그램을 병행했다. 일본의 국외재산조서제출제도는 우리나라보다 한 발 늦은 2014년 1월 1일부터 시행됐다. 5,000만 엔 이상의 해외 재산을 보유한 경우에 매해 보고 의무를 부과했다. 일본의 제도는 토지, 건물 등 국외에 있는 모든 자산을 신고대상으로 하는 점이 특징적이다.

　해외금융계좌 신고제도가 금융정보 교환제도와 함께 불법적인 역외탈세를 추적하고 공평과세의 이념을 달성하는 쌍두마차의 역할을 한 공력은 부인하기 어렵다. 그러나 운영 10주년을 앞두고 있는 만큼 그간 제기된 비판들을 경청하고 제도를 개선하는 데도 힘쓰는 성찰과 피드백의 지혜가 필요한 듯싶다. 특히 해외금융계좌 신고제도는 헌법이 보장하는 자기부죄(自己負罪) 거절이라는 '기본권'과 관련돼 있다는 점에서 그 운용을 엄격하게 해야 한다. 헌법재판소는 옛 도로교통법 제50조 제2항이 교통사고 신고의무 규정을 운전자의 형사책임에 관련되는 사항에까지 확대 적용할 경우 헌법에 위반된다는 결정을 내린 바 있다. 또한 헌법상 어떠한 법률의 입법목적이 정당하다고 할지라도, 국민에게 의무를 부과하고 그 불이행에 대해 제재를 가하는 것의 범위는 최소한도에 그쳐야 한다. 그러나 해외금융계좌 신고의무를 불이행할 경우 납세자는 미신고 과태료, 소명불응 과태료, 형사고발 및 명단공개라는 삼중, 사중의 불이익을 받게 된다.

　공평과세라는 이념을 추구하고 조세탈루 행위를 적발하는 것은 기본적으로 세무당국의 역할이다. 납세자에게 포괄적인 신고의무를 부과할 뿐만 아니라 신고의무를 불이행할 경우 법체계상 성격이 다른 과태료와 형사처벌을 병과하기까지 하는 것은 본인의 죄를 자복(自服)하라는 '판관 포청

천'과 비슷한 형국이다. 납세자에 대한 과도한 신고의무 부과는 주객전도의 우를 범할 수도 있다는 것이다. 미국, 영국의 예와 같이 납세자의 자진신고를 유도하는 프로그램을 운영할 필요가 있고, 우리나라에서 2015년 10월부터 2016년 3월까지 도입된 특례자진신고제도와 같은 한시적 프로그램도 상설화할 필요가 있다. 이뿐만 아니라 수정신고 또는 기한후신고를 한 자와 같이 비난 가능성이 상대적으로 낮은 납세자에 대해서는 과태료 감경의 혜택을 폭넓게 부여하는 것도 고려해 봄직하다. 그러한 면에서 2015년 2월 3일 이후분부터 과태료 감경률을 상향한 법 개정은 긍정적이다. 또한 국내에 체류하는 외국인 등 신고의무를 간과하기 쉬운 납세자들에게는 개별 안내를 하는 등 납세자 친화적으로 운영 방식을 보완하는 것도 좋은 방안이 될 수 있다. 형평(衡平)한 해외금융계좌 신고제도가 공평(公平)한 과세를 뒷받침하기를 소망한다.

06

OECD와 국제조세 정치학

(2019. 10.)

정치 이슈가 모든 논의를 압도하고 있는 요즈음이다. 정치 과정과 그 결과물에 대한 관심이 다들 지대하다. 정치의 영역이 광범위하지만 그 중핵적 위치에는 근대 법치주의와 민주주의의 산물인 세금이 있다. 조세의 정치학은 국제조세의 분야에서도 현저하다. 오늘날 국제조세 정국은 경제협력개발기구(OECD)가 선도한다. OECD는 1961년 자유경쟁 및 무역확대를 통한 세계경제의 발전을 목적으로 기존 유럽경제협력기구(OEEC)의 18개 회원국들과 미국, 캐나다가 프랑스 파리에 본부를 두고 발족하였다. 2019년 현재 OECD는 35개의 회원국을 두고 있고, 우리나라는 1996년 29번째 회원국으로 가입한 바 있다. OECD에는 경제정책위원회, 무역위원회 등 20여 개의 분야별 위원회가 있는데, 조세분야는 재정위원회(Committee on Fiscal Affairs)가 담당하고 있다.

국제조세 분야에서 OECD는 특히 모델조약으로 유명하다. 각국의 조세조약은 대부분 OECD 모델조약에 터잡고 있다. OECD는 범세계적 모델조약이 없는 상태에서 선진국 사이에서라도 조세조약의 체결을 확대하고자 1963년 모델조약을 마련했다. OECD 모델조약에는 원천지국은 자국에서 생기는 소득에 대해 과세권을 갖고, 거주지국은 자국 거주자의 전세계소득에 대해 과세권을 보유하며 이러한 과세권의 경합을 막기 위해 원천지국은 그의 과세권을 일정 범위로 줄이고 거주지국은 원천지국의 과세권을 존중하면서 이중과세를 배제한다는 국제조세의 중요한 원칙이 담겨 있다. 이런 명제의 정립이 없었다면 현재의 전 세계적 조세조약 그물망은 구성되지 못했을 것이고 국제교역과 투자의 저해로 세계경제는 상당히 위축되었을 것이다. 위 모델조약에 대해 국제연합(UN)과 미국은 서유럽의 이해관계만을 중시한다는 불만에서 독자 모델조약을 제정했으나 그 영향은 크지 못했다. UN이 개발도상국의 이익을 옹호하기 위해 만든 모델조약은 기본적으로 OECD 모델조약의 연장선에 있다. 미국도 모델조약을 만들어 고유의 조약정책을 추구했으나 조약협상 과정에서 수용이 잘 되지 않자 OECD 모델조약과 유사하게 개정했다. 이제는 개발도상국들도 옵서버로 참여하여 OECD 모델조약 작업에 의견을 개진하고 있는 상황이니 명실상부 OECD가 전 세계 조세조약의 조타수인 셈이다.

OECD의 국제조세 사업은 모델조약 외에도 다양하다. 그중에서도 주된 역점사업은 국제적 조세회피에 대한 대책이다. 이를 위해 OECD는 각 회원국들에게 국내세법의 개정작업을 꾸준히 권고하고 있다. 이에 대한 OECD의 그간의 주요 정책은 크게 3가지로 대별된다. 첫째는 '이전가격세제의 정비'이다. OECD는 특수관계자 간 거래를 통한 조세회피의 방지를 위해 1979년 '이전가격과 다국적 기업 보고서'를 발표했다. 이전가격세제는 특수관계자들 간의 거래에 대해 독립거래원칙을 적용하여 그에 따라 결정되는 정상가격을 기초로 과세하는 제도를 말한다. 이에 미국은 독립거래원칙이 자국 이익에 반한다는 판단에서 연구개발이 수반되는 무체재산의 초과이윤은 연구개발이 행해진 국가에서 과세해야 한다는 슈퍼로열티 조항의 도입을 주장했다. 그러자 유럽은 반발했고 미국과 힘겨루기 끝에 OECD는 1995년 위 보고서를 개정해 '다국적 기업과 과세관청을 위한 이전가격지침'을 확정했다. 전통적 독립거래원칙을 고수했지만 그 원칙을 넓게 풀이하여 이익분할법 등 비전통적 방법도 보충적으로 인정한 타협책이었다. 우리나라는 OECD의 정책을 수용하여 1988년 법인세법에 이전가격세제를 도입했고, 1995년 국제조세조정에 관한 법률을 제정하면서 위 지침을 반영, 이전가격세제를 정비해 오고 있다.

둘째는 '유해조세경쟁의 억제'이다. 버뮤다, 케이만 군도와 같은 조세피난처뿐만 아니라, 세계 각국이 외자유치를 위해 세제혜택을 부여하는 출혈적 경쟁에 대한 우려를 반영한 것이다. 1998년 OECD는 '유해조세경쟁 억제대책에 관한 보고서'를 정식으로 채택했고, 그 때부터 47개 잠재적 조세피난처를 선정·조사하여 2000년 35개의 조세피난처 명단을 발표하기도 했다. 또한 각 회원국들의 조세감면제도를 평가하여 47개 제도를 잠재적 유해제도로 판정하여 개정을 권고했다. 다만, 이에 대해서는 국가의 사정에 따라 유보적 입장을 취하는 회원국들도 있었으니 스위스, 룩셈부르크 등이 주요 반대국이다. 우리나라는 OECD에 가입하면서 1995년 국조법에 조세피난처 대책세제를 도입하여 OECD의 정책과 궤를 같이 하고 있다.

셋째는 근자의 주력사업인 '세원잠식과 소득이전(Base Erosion and Profit Shifting, BEPS)에 대한 대응'이다. BEPS는 국가간의 상이한 조세제도 등을 이용한 다국적기업의 조세회피 또는 조세절감행위를 말한다. BEPS 현상은 초기부터 국제거래 자체에 내재하는 것이나 자유무역의 확산 및 정보통신 기술의 발달로 그 규모가 날로 커지게 되었다. 2012년 멕시코 로스카보스 G20 정상회담에서는 BEPS 방지의 필요성이 명확하게 언급되었고, 국제과세기준의 강화를 위한 OECD의 역할이 촉구되었다. 2013년 G20 재무장관 및 중앙은행 총재 회의에서도 OECD로 하여금 BEPS에 대응하는 포괄적인 실행계획을 제출할 것이 요청되었다. 이에 그 실행계획이 담긴 최종보고서가 2015년 OECD에 의해 발표되었고 중국

항저우에서 개최된 G20 정상회담에서 채택되었다.

OECD의 BEPS 15개 실행계획은 그 이행수준에 관하여 의무적 성격의 '최소기준과제'와 권고적 성격의 '공통접근과제', '모범권고과제'로 분류된다. 최소기준과제로는 조약남용 방지방안, 국가별보고서 도입 등이 있고, 공통접근과제로는 이자비용 공제제한 등이, 모범권고과제로는 조세피난처 대책세제 강화 등이 있다. 우리나라도 BEPS 실행계획을 적극적으로 반영하여 세제를 개편하고 있다. 국가별보고서 도입, 이자비용 공제제한 등이 그 일환이다. 전 세계적으로는 서유럽국가들이 적극적인데, 프랑스의 조세회피 방지규정 및 이자비용 공제제한규정이 대표적이다. 반면 미국은 국익을 현저히 침해하는 조약남용 방지방안 이외에는 소극적이고, 일본, 중국 등 아시아 국가들도 추이를 관망하고 있는 형국이다.

BEPS 실행계획의 도입이 우리나라 경제에 미칠 수 있는 영향에 대해서는 백가쟁명식의 찬반논쟁이 있으나, 글로벌 스탠더드의 도입은 불명확한 국제조세환경을 제거하는 유익한 측면이 있음은 분명하다. 차제에 다국적 기업의 과세 등에 대한 중립적 국제조세 과세체계를 정립할 수 있는 절호의 기회로 삼을 수 있을 것이다. 다만, 종전 OECD의 이전가격세제의 정비 등 중점사업의 사례에서 보듯이 국제기준에 부합하는 제도라고 하더라도 개별 회원국들은 각기의 사정과 국익을 고려하여 도입 여부와 강약을 조절하고 있음을 주목해야 한다. 특히 BEPS 실행계획은 그 자체에서 최소기준, 공통접근, 모범권고로 이행수준에 차등을 두고 있어, 세부 실행계획이 우리 경제와 세수에 미칠 영향을 더욱 신중하게 성찰할 필요가 있다. OECD의 조세정책은 복잡한 국제정치의 산물이다. 국익을 최우선으로 고려하면서 이러한 국제정치의 흐름에 동참할 수 있는 일념통천(一念通天)의 지혜가 필요한 시점이다.

07

조세조약의 붕정만리(鵬程萬里)와
다자협약 출범

(2020.06.)

코로나19에 대한 전 세계적 협력으로 K-방역이 주목받는 요즘, 국제조세 영역에서는 다자협약에 관한 논의가 뜨겁다. 우리 정부는 2017년 6월 세원잠식 및 소득이전(Base Erosion & Profit Shifting, BEPS) 방지 다자협약에 서명했고 지난해 12월 국회의 비준·동의를 마쳤다. 올해 5월 그 비준서를 경제협력개발기구(OECD)에 기탁했다. 그간 OECD는 다국적 기업의 국제적 조세회피에 대한 대응방안으로 15개의 BEPS 프로젝트 실행계획을 준비했다. 그중 실행계획 2~15는 이행 단계로 들어섰고 올해 말까지는 디지털 경제에 대한 실행계획 1이 확정될 전망이다. BEPS 방지 다자협약은 조세조약과 관련된 실행계획을 효과적으로 반영하기 위해 기존의 양자조약 개정 대신 다자간 협정체계로 도입된 것이다. 연말 실행계획 1의 수립에 따른 전통적 국제조세 규범의 수정도 큰 전환이지만 다자간 협정체계의 출범은 조세조약 100년 여정의 중대한 절차적 변화다. 오는 9월 다자협약이 발효되면 협약 가입국간의 조세조약에 대해서는 별도의 협상 없이 최소기준의 BEPS 대응방안이 자동으로 반영된다.

BEPS 방지 다자협약은 ① 기본적인 BEPS 이행 조항, ② 이행 조항과 대상 협정 조항의 관계를 규정한 양립성 조항, ③ 유보의 허용 범위를 규정한 유보 조항, ④ 대상 협정 조항이 변경되는 경우 이를 통지하는 통보 조항으로 구성됐다. BEPS 대응 방안의 최소기준을 반영하면서도 그 외에는 자유롭게 유보를 허용하는 등 유연성을 고려했다는 점이 특징이다. 주요 골자는 조세조약 혜택의 제한과 분쟁 해결 절차의 개선으로, BEPS 프로젝트 참여국으로서 이행 의무가 있는 최소기준들이기도 하다. BEPS 방지 다자협약에 따라 조세조약의 제한세율 등의 혜택을 주목적으로 하는 거래에 대해서는 그 혜택이 부인돼 조세조약 남용사례의 방지에 기여할 것으로 전망된다. 또한 조세조약에 배치되는 과세처분에 대해 납세자가 이의를 제기할 수 있는 대상을 종전의 거주지국 과세당국에서 조세조약의 양 당사국인 거주지국과 원천지국 중에서 선택할 수 있게 함으로써 납세자의 권익제고도 기대된다.

국제조세 규범은 지난 세기 조세조약으로 출발해 작금의 다자협약에 이르렀다. 국제연맹은 제1차 세계대전 후 국제무역과 투자의 활성화를 위해 조세조약을 활용하고자 1923년 에드윈 셀리그먼 등 4명의 저명한 경제학자에게 이중과세에 관한 보고서 작성을 의뢰했다. 그 보고서의 핵심은 상호 합의한 범위로 원천지국의 과세권을 낮추고 그 대신 거주지국은 원천지국의 과세권을 우선해 이중과세를 조정하는 것으로, 국제조세 규범의 효시가 됐다. 이후 1928년 국제연맹(LN)의 이중과세방지협약안이 나오고 몇 차례 수정을 거쳐 1943년 원천지국 과세를 강조하는 멕시코 모델이, 1946년에는 거주지국 과세 입장의 런던 모델이 각각 구상됐다. 하지만 다자간 조세조약의 제안에는 실패했다. 제2차 세계대전 후 국제연맹을 계수한 국제연합(UN)에서는 재무위원회를 중심으로 논의가 이뤄졌다. 그러나 미국이 이중과세방지협정의 비준을 포기함에 따라 무위에 그쳤다. OECD의 전신인 유럽경제협력기구(OEEC)에서는 4차례의 중간보고서가 작성되기도 했다. 이후 미국과 캐나다의 합류로 진용을 갖춘 OECD는 1963년 최초로 모델조세조약을 작성하고 2017년까지 10번 이상의 개정 작업을 했다. 한편 UN은 1980년 별도의 모델조약을 제정해 개발도상국의 입장에서 원천지국 과세권을 강화하는 입장을 견지하고 있다. 세계 국가의 약 80%가 OECD 모델을, 나머지 20% 정도가 UN 모델을 채택했다. 반면 미국은 독특한 유보 조항 등을 담은 독자적인 US 모델조약을 마련해 자국의 이익을 극대화하고 있다. 역사적으로 다양한 모델조약의 존재는 국제조세에 관한 국가별 이해관계의 조정이 그만큼 어렵고 조세조약의 역사가 원천지국과 거주지국간 과세권 배분의 지난한 역정이라는 반증이다.

국제조세 분야는 이해관계가 다양한 변화무쌍한 플레이어들의 각축장이라고 해도 과언이 아니다. 전통적 국제조세 규범인 고정사업장세제 등에 대해 미국과 유럽연합(EU)은 공동전선을 구축해왔지만 디지털 경제하에서는 균열이 발생했다. 미국 다국적 기업에 대한 EU의 디지털 서비스세 도입이 단적인 예다. BEPS 대응 다자협약에 있어서도 큰 틀의 대략적 합의는 이뤄냈지만 각론에서는 여전히 각국의 이해관계가 첨예하게 대립한다. 대표적으로 미국은 BEPS 프로젝트의 논의에는 참여하되 그 결론을 지지하거나 수용하지는 않았다. 자국 다국적 기업에 대한 과세 논의가 달가울 리 없었을 것이다. 반면 EU는 처음부터 BEPS 논의에서 적극적으로 의견을 개진했다. 2016년에는 EU 조세회피방지지침을 채택해 회원국들이 이를 국내법으로 수용하도록 했다. 그 연장선상에서 27개 EU 회원국이 다자협약에도 서명했다. 일본은 우리나라가 유보한 중재 조항 등까지 수용해 우리나라보다 적극적으로 다자협약에 참여하는 것으로 평가된다. BRICS(Brazil · Russia · India · China · South Africa)로 대표되는 주요 신흥국가모임에서는 브라질을 제외한 중국, 러시아, 인도가 다자협약을 비준했다. '조세피난처'라고 불리는 리히텐슈타인, 모리셔스, 모나코 등이 다자협약에 서명했다는 점도 특이하다.

　세계무역기구(WTO)를 중심으로 하는 국제통상체제가 도하협상 이후 진전이 없자 자유무역협정(FTA)체제가 출현해 성공적으로 추진되고 있다. 이는 다자주의에서 양자주의로 이행된다고 평가되는데, OECD를 중심으로 한 국제조세질서는 그와는 정반대로 다자주의의 중요성이 점차 부각되고 있다. 조세정보교환과 조세행정공조를 주요 내용으로 하는 다자간 조세행정공조협약이 그 시발점이다. 그러나 실체법에 관한 다자협약은 그 자체로 어떤 완결적인 법적 문서가 아니며 기존의 양자조약을 전제로 한다. 따라서 다자협약에 의한 일괄적인 변경과 개별 양자조약 개정작업이 조화를 이룰 수 있도록 노력을 경주해야 할 것이다. 또한 다자협약에 의해 변경된 조세조약과 국내세법 간의 충돌에 대한 각별한 주의도 긴요하다. 이뿐만 아니라 향후에 논의될 디지털 경제에 관한 새로운 과세방안이나 우리나라가 채택하지 않은 다자협약의 조항들에 대해서도 장기적·전략적인 안목에서 깊이 있는 세부 검토가 이뤄져야 할 것이다. 1970~1980년대에 체결된 선진국들과의 조세조약이나 1990년대 이후 체결된 개발도상국들과의 조세조약 모두 그간 급격히 변화된 우리나라의 경제현실에 맞지 않는 조항이 많고, 다자협약 비준만으로 보완하기에는 역부족인 경우도 있다. 이번 다자협약의 발효를 발판 삼아 한층 업그레이드된 조세조약 정책의 백년지대계(百年之大計)를 기대해본다.

08
세법상 거주자의 책무(責務)
(2021. 09.)

　세계인의 축제, '2020 도쿄올림픽'이 막을 내렸다. 세계 각국에서 활동하는 스포츠 스타들이 집결해 출전국의 대표로서 스포츠의 꿈과 열정을 불살랐다. 우리나라에서도 배구, 골프 등 종목에서 김연경, 박인비 등 다수 해외파들이 대표선수로 활약했다. 올림픽에는 출전하지 않았지만, 손흥민·류현진 등 태극전사들이 세계 각지에서 우리나라의 글로벌 위상증진에 기여하고 있음은 물론이다.

　전 세계를 무대로 한 인적 이동과 국위 선양은 비단 스포츠 분야에만 국한되지 않는다. 우리나라 국민도 국외 유학, 외국기업 취업, 해외사업 등의 이유로 장기간 역외 체류하는 일들이 빈번하고 이역만리(異域萬里) 각자의 영역에서 한국인으로서 상당한 부와 명성을 축적한 인사들도 늘고 있다. 이처럼 한국과 꾸준한 인연을 유지하고 있는 경제인들이 맞닥뜨리는 중요한 이슈 중 하나가 어느 국가에서 세금을 낼 것인지의 문제다. 스포츠 스타나 한상(韓商)들이 해외에서 활동하면서 벌어들인 소득에 대해 그 국가에 세금을 신고·납부했는데 추후 국내 거주자라는 이유로 재차 과세하는 난감한 경우들이 발생하기도 한다.

바로 이러한 세금납부의 기준이 되는 것이 국내 거주자(resident) 해당 여부다. 우리 세법에서는 국적자보다 거주자 개념이 더 중요한데, 거주자는 국내에 '주소'를 두거나 '183일 이상의 거소'를 가진 개인을 의미한다. 하지만 관광이나 질병 치료 등 일시적인 목적으로 출국한 기간은 국내 체류기간으로 의제되고, 계속해 183일 이상 국내에 거주할 것을 통상 요구하는 직업을 가진 경우나 국내에 생계를 같이하는 가족이 있고 그 직업 및 자산 상태에 비춰 계속해 183일 이상 국내에 거주할 것으로 인정될 때에는 국내에 '주소'를 가진 것으로 간주한다. 이처럼 국내 거주자의 판단은 체재 일수, 가족관계 등 인적 관계(personal-ties), 직업 관계, 소득 관계, 자산 관계 등 경제적 관계(economic-ties) 및 세무신고 명세, 재외국민 등록 여부 등 법률적 관계(legal-ties)라는 다양한 기준을 통해 이뤄진다. 최근에는 형식적 체류기간보다는 주요 재산의 소재지, 부양가족의 거주지, 수익 창출의 근거지 등 실질적 요소들이 중요하게 작용하는 경향을 보인다. 위 사정들을 종합해 국내 체류기간이 4년간 76~164일에 불과했지만 우리나라 거주자로 인정한 대법원 판례도 있다.

외국인이더라도 6개월의 거주 조건을 충족해 우리나라 거주자로 인정되면, 우리나라에서 번 돈은 물론이고 국외원천소득에 대해서도 국내 소득세 신고납부의무가 생긴다. 또한, 비거주자로부터 국외재산을 증여받더라도 우리나라에 증여세를 내야 하고 거주자가 사망하면 국내재산뿐만 아니라 평생에 걸쳐 모은 해외재산에 대해서도 상속세 납세의무를 지게 된다. 해외에서도 세금을 납부했다면 일정한 요건을 충족하면 이중과세 방지를 위한 외국 납부 세액공제를 적용받을 수 있으나 그 효과는 제한적이다. 뿐만 아니라, 거주자는 주식 등 금융재산이나 부동산 등 해외투자에 있어서 취득·보유 및 처분의 단계별로 외국환거래법이나 세법상 각종 신고 및 보고의무를 부담한다. 자신이 거주자에 해당한다거나 그러한 해외자산 신고의무 등을 모른 채 신고를 누락했다가 소급해 5년 치의 막대한 과태료처분이나 형사처벌이라는 불의타를 받는 경우도 허다하다. 한편 지금까지는 건별 취득·처분가액이 2억 원 이상인 해외 부동산에 대해서만 신고의무가 부과됐으나, 내년부터는 거주자의 '모든 해외부동산 현황'이 신고대상이 되어 한층 규제가 엄격해질 전망이다.

거주자 입법은 국내에서 장기간 체류하는 외국인들을 염두에 둔 것이지만 우리나라에서는 한상(韓商)과 해외파 스포츠 스타가 주로 타깃이 돼 왔다. 최근에서 언론에 수차 보도됐던 수천억 원대 과세 규모의 완구왕, 선박왕, 구리왕 사건이 대표적이다. 나중에는 축구왕이나 골프왕이 나오지 말라는 법도 없다. 이는 현행 소득세법상의 거주자 판단기준이 민법상 주소와 거소 개념을 차용해 추상적이고 불명확한 용어로 돼 있는 점에 기인한다.

반면 해외 선진국의 세법상 거주자 판단기준은 보다 간명하다. 미국의 경우 시민권자는 전 세계 소득을 과세하고 외국인은 거주자만 국내 원천소득을 과세하는데, 거주자가 되기 위해서는 영주권 소지자이거나 해당연도에 31일 이상 및 3년간 183일 이상 체류해야 한다. 183일 해당 여부는 전년도 체류 일수는 3분의 1, 전전연도는 6분의 1의 가중치가 적용돼 계산된다. 조금만 관심을 기울이면 누구나 자신이 미국 세법상 거주자가 되는지 여부를 손쉽게 예측할 수 있다. 영국의 경우 2013년부터 자동 비거주자 판정 테스트(automatic overseas test) 및 자동 거주자 판정 테스트(automatic UK test)를 둬 거주자 여부를 기계적으로 판단하고, 양 테스트를 모두 통과하지 못한 예외적인 경우에만 관련성 테스트(sufficient ties test)를 적용한다. 이때에도 영국에서의 거주 일수를 90일 이하, 90일 초과 120일 이하, 120일 초과 등의 3급 간으로 나눈 후, 가족 기준, 거소 기준, 근로 기준 및 90일 기준이라는 4개의 관련성 지표를 적용해 영국 거주자판정에 대한 일의적 결론을 도출한다.

인적자원의 국경을 초월한 이동이 자유로운 4차 산업혁명 시대를 맞아 거주자 개념에 대한 예측 가능성을 제고하는 것은, 해외에서 국위를 드높이는 우리나라 국민은 물론 우리나라에 취업하고자 하는 해외 인재 및 국내 사업을 하려는 외국인들 모두에게 불필요한 조세순응비용을 감소시키는 양수겸장의 지혜가 된다. 이제는 민법과는 결별해 거주자 개념의 본지에 맞게 세법상 주소와 거소의 판정기준을 구체화하고, 미국 및 영국의 입법례를 모델로 삼아 개별요소들을 수치화·계량화해 납세자의 거주자 판단에 어려움을 덜어줄 필요가 있다. 또한 국내와 해외 모두에서 활동하고 있거나 해외 생활을 마치고 국내로 복귀한 경제인들이 자발적으로 해외금융계좌나 부동산 신고를 할 수 있도록 관련 기관에서 적극적으로 안내해주는 방안도 고려해 볼 수 있다. 거주자판정을 사전결정 제도의 대상으로 삼거나 납세자의 신청에 따른 사전확인이 가능하도록 제도를 설계하자는 제언도 경청할 가치가 있다. 소득세, 상속세 및 증여세, 해외금융계좌 및 부동산 신고, 외국환거래 신고 등에서의 각 규제의 목적 또는 법률의 취지에 따라 개별 법령별로 '거주자의 범위'를 달리 정하거나 '세이프 하버(safe harbor)'를 둔다면 구체적 타당성의 제고도 함께 도모할 수 있다. 예측할 수 없는 거주자제도가 해외에서 수구초심(首丘初心)의 심정으로 모국(母國)과의 인연의 끈을 놓지 않는 애국 동포들의 경제활동에 장애가 되지 않도록 하는 운용의 묘가 절실한 시점이다.

07

관세
산책

01

무역전쟁과 관세이야기

(2018. 04.)

스트롱맨 시대의 무역전쟁이 뜨겁다. 미국 트럼프 대통령이 이달 초 수입산 철강 등 200억 달러에 달하는 중국산 제품에 대해 25%의 관세를 매기겠다고 하자, 중국 시진핑 주석도 500억 달러의 미국산 제품에 대해 25%의 관세를 부과하겠다고 응수했다. 며칠 후 트럼프 대통령이 다시 1,000억 달러의 중국산 제품에 대한 추가 관세부과를 시사하자, 그 다음날 중국 상무부는 기자회견을 자처하며 대대적 맞대응을 경고했다. 가히 용호상박의 형국이다.

세계열강 G2의 철강무역에서 시작된 통상전쟁은 글로벌 경제에도 큰 영향을 미쳤다. 포드, GM 등 자동차 업계의 주가는 물론이거니와 핫코일 원자재 가격, 철광석 운반에 사용되는 벌크선 운임에도 영향을 주고 있다. 중국이 보복 관세로 맞불을 놓은 미국 곡물시장도 요동치고 있다. 미국 다우지수는 2.09%, 중국 상하이지수는 3.94% 각각 하락세를 보이고 있다. 승자와 패자 구분 없는 난전상황이다.

우리나라도 관세전쟁에서 예외는 아니다. 2000년 국내 마늘농가 보호를 위해 중국산 마늘에 대해 2년간 최고 315%의 관세를 부과하는 세이프가드를 발동했는데 중국은 바로 한국산 휴대전화의 긴급 수입중단으로 맞대응했다. 결국 진통 끝에 중국산 마늘을 3년간 30~50%의 낮은 관세율로 사오는 조건으로 휴대전화 수입중단이 원상복구 됐다. 이뿐만 아니다. 2013년 미국 상무부는 삼성전자와 엘지전자 세탁기에 대해 반덤핑·상계관세를 부과했다. 우리 정부가 세계무역기구(WTO)에 제소하여 2016년 승소 판정을 받았으나 아직 실효적인 조치는 취해지지 않았다. 올해 3월에도 트럼프 행정부는 철강·알루미늄에 대하여 25%의 고율 관세부과를 선언했다. 신속한 추가 협상으로 위 조치에서 제외됐지만, 최근 3년 평균 수출액의 70% 수준으로 쿼터가 설정됐다.

관세는 가장 오래된 조세 중 하나이다. 신약성서에서도 '삭개오(Zaccheaus)라는 자는 세관장으로서'라는 대목이 등장한다. 관세를 의미하는 'Tariff'의 기원은 16세기 스페인 요새 'Tarifa'에서 유래한다. 'Tarifa'에 근거를 둔 무어인 해적들이 지브롤터 해협을 지나는 화물선으로부터 공물을 강제로 수탈했는데 그 지명에서 따왔다는 것이다. 반면, 관세를 뜻하는 다른 단어인 'Zoll'의 어원을 그리스어로 최종 지불을 의미하는 'télos'와 라틴어로 조세를 뜻하는 'teloneum'에서 찾는 학자도 있다. 옛날에 상품이 도로나 다리 등을 최종 통과할 때 관세가 부과됐기 때문이라는 것이다. 징수권자의 통치의 상징인 관세의 역사가 유구하다는 사실이 여러모로 나타난다.

우리나라 관세의 역사는 1878년으로 거슬러 올라간다. 조선 정부는 강화도조약에 따라 부산을 개항하면서 그 해 두모진에 '해관'을 설치하여 관세를 징수하였다. 이를 기려 관세청 흉장에도 1878년이 새겨져 있다. 1949년에는 유럽 선진국들의 관세제도를 참조하여 독자적인 관세법이 제정되었다. 1948년에는 재무부 세관국이 설치됐고 수출입 물동량의 폭증으로 1970년에는 관세청이 개청됐다.

관세는 '재정수입 확보'와 '국내산업 보호'의 2가지 기능을 양대 축으로 한다. 수입품에 대한 관세부과로 재정수입이 확보될 뿐만 아니라 동종 또는 유사품을 생산하는 국내 산업도 보호된다. 일단 관세가 부과되면 그 효과는 즉시적이고 사후 교정은 제한적 의미만 가지므로 관세는 산업정책 도구로 활용될 유인이 강하다. 그러나 자국 이익만을 도모하는 관세부과 는 국가간 교역을 위축시켜 모두에 대한 손실의 부메랑으로 돌아올 수 있 다. 이러한 우려를 불식시키는 논의과정에서 탄생한 것이 세계무역기구 (WTO), 세계관세기구(WCO)이다. 서구열강들의 무역전쟁이 세계대전의 원인이 됐다는 반성적 고려에서 관세 인하 및 비관세장벽의 철폐를 통한 국제무역의 확대를 위해 1944년 관세와 무역에 관한 일반협정(GATT)이 설립됐다. 1995년 GATT가 WTO로 이행되어 현재에 이르고 있다. 유럽 국가들의 주도 하에 1952년 관세협력이사회(CCC)가 설립됐고 CCC는 1995년 WTO의 탄생에 발맞추어 그 명칭을 WCO로 변경하였다. 한편, 회원국의 이해충돌로 최근에는 WTO 다자간 협정의 개정이 답보상태에 빠짐에 따라 양자간 자유무역협정(FTA) 체결이 대세가 됐다. 이처럼 관세 와 관련한 국제적 움직임도 가히 전쟁을 방불케 한다. 우리나라는 1967년 GATT, 1968년 CCC에 가입했고 2002년 칠레와 FTA를 최초 타결한 이래 2018년 4월 현재 52개국과 FTA를 체결한 개방형 얼리버드이다.

열강의 무역전쟁의 틈바구니에서 향후 관세정책의 조타대는 어떻게 잡 아야 할까? 우리나라는 국제규범의 적극적 수용과 국제공조의 확대 및 통 관의 효율성 강화 등 관세정책의 기조를 30년 넘게 유지해 오고 있다. 물 론 오늘날의 낮은 실효관세율로 인해 정책수단으로서의 유용성이 약화되 었고, 복잡하게 얽히고 설켜 있는 국제관계에서 과감한 관세정책을 운용 하기에는 현실적 한계가 있다. 그러나 비관세장벽은 WTO 체제 하에서 현저하게 낮아졌고, 통신이 발달하면서 관세율의 적은 변화에도 시장이 민감하게 반응하는 것도 사실이다. 또한 자국산업을 피폐화시키는 불공정 무역에 대한 반덤핑관세, 상계관세 등은 여전히 유효한 정책수단이 된다. 무역원활화라는 세계적 관세정책 흐름에 부응함과 동시에 우리 관세행정의 독자적 장점을 극대화하는 온고지신의 지혜가 필요한 시점이다.

자유무역협정과 네트워크 대한민국

(2020. 01.)

2020 경자년(庚子年) '흰 쥐'의 해가 밝았다. 예로부터 쥐는 구석구석을 부지런하게 움직이는 민첩함을 상징하는 동물로 통했다. 마찬가지로, 근자에 세계 각국이 국익을 위해 숨 가쁘게 활동하는 대표적 영역으로 무역을 꼽지 않을 수 없다. 얼마 전 미국의 도널드 트럼프 대통령은 브렉시트(Brexit)하려는 영국의 보리스 존슨 총리에게 영·미 자유무역협정(FTA) 협상에 대한 긴밀한 협력을 약속했고, 마치 이에 대응하듯이 중국 왕이 외교부장은 영국이 떠나려는 유럽연합(EU)과의 FTA 체결을 위한 손짓을 보내고 있다. 동아시아의 한·중·일 역시 지난 12월 통상장관회담을 통하여 포괄적이고 높은 수준의 FTA 협상을 해 나가기로 합의했다. 가히 각국 경제외교의 각축전과 합종연횡의 현장이다.

FTA란 협정국 상호간에 관세철폐 등 무역장벽의 제거를 약속하고 자유무역의 실현을 목적으로 하는 느슨한 지역경제통합의 한 형태이다. 단계별로 보면 자유무역협정, 관세동맹, 공동시장, 단일시장의 단계를 거쳐 완전경제통합으로 나아가게 된다. 1995년 무역 자유화를 통한 세계경제 발전을 목적으로 한 다자기구인 세계무역기구(WTO)가 출범했음에도 오히려 무역시장은 FTA로 대표되는 양자협약 또는 지역주의가 확산되는 추세에 있다. 특히 2001년 시작된 도하개발어젠다(DDA) 협상이 지지부진하자 많은 국가들이 그 대안으로 조건이 맞는 상대를 찾아 자신들끼리의 특혜적 교역체제를 수립하기 위해 FTA를 추진했다. 다자간 협약인 WTO 체제하에서 회원국들의 이해관계가 서로 첨예하게 대립해 합의 도출이 어려웠던 반면, 양자간 조약 형태로 체결되는 FTA는 상대적으로 합의 도출이 수월했다. FTA는 상품무역, 서비스, 투자, 무역구제, 원산지 규정, 무역기술장벽, 위생 및 식물검역, 지식재산권, 정부조달, 전자상거래, 경쟁, 노동, 환경, 경제협력, 분쟁해결 등의 내용을 담는 것이 일반적이다. WTO에서 아직 규범화에 이르지 못하고 있는 투자·환경·경쟁·노동 분야에 있어서도 FTA에서는 비교적 유연하게 합의에 이를 수 있다. WTO 중심의 다자무역체제에서는 단일한 규범과 분쟁해결절차가 적용되었는데 FTA가 확산되면서 개별 국가의 입장에서는 상이한 여러 FTA를 국내적으로 이행하는 데 실무적 부담이 가중되기도 한다. 그 대표적 영역이 바로 FTA 특혜관세의 적용 여부를 판가름하는 '원산지 규정 및 원산지 증명 제도'이다.

2004년 한·칠레 FTA를 효시로, 2012년 한·미 FTA, 2015년 한·EU FTA가 각각 발효되었고 2020년 1월 현재 전 세계 55개국과 총 16건의 FTA가 운영되고 있다. 이는 지난해 10월 말 발표 기준 미국 14건, 일본 15건, 중국 16건에 전혀 뒤지지 않는 숫자이다. 또한 영국, 이스라엘, 인도네시아와의 FTA가 서명 또는 타결되었고, 한·중·일, 동아시아 역내포괄적경제동반자협정(RCEP), 남미공동시장(MERCOSUR) 등 다수의 FTA가 협상 진행 중이다. 대외경제 규모가 국내총생산(GDP)의 80% 이상을 차지하는 명실상부한 개방형 통상국가인 우리나라로서는 FTA를 통한 관세·비관세 등 무역장벽의 완화에 따라 주력 품목의 해외시장 진출이 활성화된다. 동시에 선도적 성격의 통상규범을 도입함에 따라 관련 국내제도

02 자유무역협정과 네트워크 대한민국   193

를 개선함으로써 얻는 효익 또한 크다고 평가된다. FTA 도입 15주년을 맞아 실시한 한 여론조사에서는 국내 소비자들의 67.5%가 FTA를 통해 더욱 다양한 종류의 상품이 종전보다 저렴한 가격으로 수입됨에 따라 국내시장에 긍정적 영향을 주었다고 응답했다.

한편 우리 법제는 자유무역협정의 이행을 위한 관세법의 특례에 관한 법률(FTA 특례법)을 별도로 두고 있다. FTA 특례법은 각국과의 FTA가 체결될 때마다 별도의 이행법령을 두는 것은 비효율적이므로 FTA 이행과 관련한 기본법적 성격의 이행절차법으로 2005년 제정된 것이다. FTA 특례법의 해석, 적용에서 가장 많은 문제가 되는 것이 바로 '원산지 증명제도'이다. 원산지란 문언 그대로 해당 물품이 생산 또는 제조된 국가를 의미한다. 다만, WTO의 원산지 규정에 관한 협정이나 세관절차의 간소화 및 조화에 관한 교토협약에서는 원산지에 대한 기본원칙 정도만을 규정하므로, 특혜관세 적용과 관련된 원산지제도는 각국의 법령 또는 조약에 의하여 규율되고 있는 실정이다. 특혜원산지제도는 수입물품에 대한 관세부과에 있어 관세율 인하 또는 무관세라는 특혜 부여를 목적으로 원산지를 판단하기 위한 제도인데, 양국간의 FTA가 체결되어 체약국간에 관세율이 인하될 때 적용된다. 원산지결정의 방법은 크게 완전생산기준과 세번변경기준·부가가치기준·가공공정기준 등의 실질적 변형기준으로 구분할 수 있다.

이러한 원산지 규정에도 불구하고 실무상으로 어떠한 상품의 원산지를 결정하는 것은 난제이다. 예컨대 공해상에서 잡힌 수산물을 국내로 반입한 후 어느 정도 가공해 해외로 수출해야 비로소 그 원산지를 우리나라라고 볼 수 있는 지의 문제 등이다. 이를 해결하기 위해 FTA제도의 '꽃'이라고도 불리는 원산지 증명제도를 두고 있지만 개별 FTA 협정별로 상이하게 규정되어 무역인들의 어려움을 배가시킨다. 원산지 증명제도는, 원산지 국가의 특정 기관이 원산지를 확인하여 발급하는 '기관발급 방식'과

수출자 등이 자율적으로 해당 물품에 대해 원산지를 확인해 작성·서명하는 '자율발급 방식'으로 나뉜다. 그러나 개별 FTA마다 증명방식, 증명주체, 증명서의 유효기간, 서식, 사용 언어, 사용 횟수 등이 천태만상이라 오류가 발생하기 십상이다. 뿐만 아니라 원산지증명서 발급신청서에 첨부되어야 하는 서류가 굉장히 많고 수입자, 수출자 및 생산자에게는 원칙적으로 원산지증빙서류에 대한 5년의 의무보관기간까지 적용되고 있다.

중소기업인을 대상으로 한 설문에서 FTA 활용시 가장 어려운 부분으로 '원자재에 대한 원산지 확인서 수집 등 원산지 증빙서류 준비'를 꼽은 사업가가 50.5%에 달했다. 유효기간이 지난 원산지증명서를 제출한 사례, 수입신고서 등 원산지 증빙서류들 중 일부의 미비가 적발된 사례, 원산지 상품임을 입증하는 문서를 보관·관리하지 아니하던 중 원산지 기준을 충족하지 못한 것으로 판단된 사례 등에서 납세자의 실수로 인해 협정관세의 적용이 배제되는 것은 물론이고 행정벌인 가산세까지 부과되었다. 수출기업의 FTA 활용률이 80%를 상회하는 상황에서, 아직도 많은 기업이 FTA 원산지증명서 발급에 막연한 두려움을 가지거나 잘못된 원산지증명서를 발급해 사후적으로 불이익을 입고 있는 것은 궁극적으로 국익에도 반하게 된다. FTA 선도국으로서 그 체결국 수를 확대하는 것이 무엇보다 중요하겠지만 이와 동시에 원산지증명서 등의 효과적 운용을 위해 '네트워크 대한민국'의 명성에 걸맞은 법령의 정비가 필요하다. 2020 경자년 대한민국은 수출시장의 확대 및 일자리 창출이라는 FTA의 효용을 극대화하기 위한 디딤돌로서 '규제 인프라 정비'의 적시적지(適時適地)이다.

03

RCEP와 원산지증명서

(2021. 01.)

    지난해 11월 우리나라는 8년간의 협상을 거쳐 '역내포괄적경제동반자협정(RCEP)'에 최종 서명했다. RCEP는 일본, 중국, 호주, 뉴질랜드, 동남아시아국가연합(아세안) 10개국 등 총 15개 국가가 참여하는 세계 최대 자유무역협정(FTA)이다. RCEP 체약국은 2019년 상품무역 규모 기준 5조 4,000만 달러로 전 세계 비중의 28.7%를 차지하는, 유럽연합(EU)에 버금가는 경제 통합체로 차세대 먹거리시장이다. 하지만 원산지 규정을 충족시키지 못하면 그 특혜를 누릴 수 없게 돼 유의할 필요가 있다.

    원산지 결정의 기준은 완전생산기준, 실질적 변형기준 및 보충적 기준 등이 있는데, 같은 물품일지라도 FTA 등 무역규범의 규정에 따라 원산지가 달라질 수 있다. RCEP는 원산지 누적기준을 허용한다. 원산지 누적기준이란 회원 국내에서 상품이나 재료의 생산에 사용되는 다른 회원국의 상품 및 재료는 그 최종 상품의 작업 또는 가공이 발생한 회원국의 원산지로 간주되는 특례 조항이다. 한·아세안이나 한·중 FTA에서도 누적기준이 적용되지만, RCEP의 경우 체약상대국이 많기 때문에 이를 잘 활용할 경우 특혜관세 혜택의 범위를 더욱 넓힐 수 있는 장점이 있다. 이에 따라 국내기업들이 RCEP 역내 국가에서 부분품을 만든 뒤 국내에서 최종 상품을 생산해 RCEP 회원국에 수출하는 경우에도 특혜를 적용받을 수 있어 이를 활용한 비즈니스 모델로 수출 경쟁력을 확보할 수 있게 된다.

원산지증명서를 발급하는 방법은 기관발급과 자율발급으로 대별된다. 기관발급 방식은 원산지 국가의 관세당국 기타 발급 권한이 있는 특정 기관이 해당 물품의 원산지를 확인해 발급하는데 중국, 인도, 아세안과의 FTA가 대표적이다. 국내에서는 세관과 상공회의소가 원산지증명서를 발급하고 있다. 기관발급은 공신력이 높다는 장점이 있으나 절차가 복잡하고 시간과 비용이 많이 소요된다. 자율발급은 기본적으로 수출기업이, 협정에 따라서는 생산자·수입자·인증수출자가 자율적으로 해당 물품의 원산지를 확인해 작성·서명하는 방식으로 미국·EU·캐나다와의 FTA에서 이 방식을 채택하고 있다.

국내의 경우 2019년 수입에서 RCEP 국가들과의 FTA 활용률이 중국 80.1%, 아세안 79.2%, 호주 85.7% 등이고 수출에서의 활용률은 중국 57.2%, 아세안 51.3%, 호주 82.8% 등으로 매우 높다. 수출입 기업 등 각 관련 당사자들은 원산지증명을 효율적으로 관리해 특혜관세 적용을 용이하게 하는 것이 필수적이다. 아울러 중국·베트남·싱가포르 등 RCEP 외에 별도 FTA가 있는 국가들과 거래할 경우 어떤 협정을 적용하는 것이 유리한 것인지도 함께 고려할 필요가 있다. 교역을 경제 성장의 기반으로 하는 세계 6대 수출강국인 우리나라의 이번 RCEP 체결에 힘입어 수출입 기업의 예측 가능성이 제고되고 종국적으로 국제 교류가 더욱 활성화되는 계기가 마련될 것으로 기대한다.

08

지방세
산책

부동산세제의 역정(歷程)과
노마식도(老馬識途)

(2020. 02.)

　지난해 12·16 부동산 대책에 따른 보유세 인상 등으로 주택 소유자들이 그 늘어난 세금을 세입자에게 전가하는 반전세가 유행한다는 보도가 최근 있었다. 한 통계에 따르면 반전세 계약 비중이 지난해 9월 8.9%에서 부동산 대책이 발표된 12월에는 16.4% 정도로 급증했다고 한다. 위 부동산 대책은 종합부동산세율 상향은 물론이고 양도소득세율의 인상 및 공제율 인하 등을 골자로 하는데, 주택 공시가격 현실화도 시세의 70~80%까지 신속하게 진행돼왔다. 전국 표준지 공시지가 상승률이 2017년 4.94%, 2018년 6.02%, 지난해 9.42%로 점점 급등하자 일부 지방자치단체에서는 공시지가를 낮춰달라는 의견을 국토교통부 등에 전달하는 실정이기도 하다. 지방세법도 개정을 통해 주택 유상거래시 다주택 가구의 취득세율을 인상하는 등 정책 기조에 공조하고 있다. 우리나라의 부동산세제는 주택 가격을 잡기 위해 국세와 지방세가 전방위적으로 공세를 하는 형국이고, 그에 기인해 주택 거래 방식에도 변화난측(變化難測)의 파급 효과가 목도되고 있다.

부동산세제의 과세계기는 주택을 기준으로 보면 크게 주택의 취득, 보유 및 처분의 3단계로 대별된다. 먼저 취득 시점에 원칙적으로 1~3%의 취득세가 부과된다. 만일 취득 원인이 증여나 상속이면 증여세 또는 상속세가 추가로 부과된다. 다음으로 보유 단계에서는 재산세와 종합부동산세(종부세)가 과세된다. 재산세는 지방세로 매년 6월 1일을 기준으로 공시가격에 기초해 부과된다. 6,000만 원, 1억 5,000만 원, 3억 원 등으로 급간이 세분화돼 0.1~0.4%의 세율이 적용된다. 국세인 종부세도 매년 6월 1일을 기준으로 6억 원(1가구 1주택자는 9억 원) 이상 주택의 공제금액 초과분에 대해 부과된다. 초과분의 과세표준을 3억 원, 6억 원, 12억 원, 50억 원, 94억 원을 기준으로 6단계로 나누어 0.6~3.0%의 세율을 적용한다. 3주택 이상을 보유하거나 조정대상지역에서 2주택 이상을 보유하면 가중세율이 적용된다. 주택을 유상 처분하는 경우 양도소득세(양도세)가 부과되는데 과세표준 1,200만 원, 4,600만 원, 8,800만 원, 1억 5,000만 원, 3억 원, 5억 원을 기준으로 6~42%의 7단계 누진세율이 적용된다. 취득세와 양도세는 실지거래가격에 의하고, 재산세와 종부세는 공시가격에 의한다는 점도 유의해야 한다.

우리나라는 1967년 11월 최초로 '부동산투기억제에 관한 특별조치세'를 도입한 이후 지금까지 부동산 가격안정을 위해 다양한 조세수단을 동원했다. 88 서울올림픽 이후 부동산 가격이 폭등하자 1988년 12월 종부세의 시초라고 하는 '토지과다보유세'가 시행됐고, 1990년 1월에는 토지분 재산세와 토지과다보유세를 통·폐합한 '종합토지세'가 신설됐다. 2005년 1월부터는 1970년대 후반부터 거론된 가칭 종합재산세의 변형인 종부세가 입법되면서 기존의 종합토지세는 재산세로 통합됐다. 이뿐만 아니라 부동산 양도차익 과세도 점진적으로 강화됐다. 정부 수립 후 최초의 소득세법에서는 부동산 양도차익을 과세대상으로 규정하지 않았다. 이후 법령의 개정에 따라 부침을 겪다가 1975년 소득세제가 종합소득세제로 일원화되면서 부동산 양도차익은 과세대상 소득으로 확고하게 자리매김했다. 그러나 일련의 세제개편으로도 부동산 투기는 근절되지 않았고 부동산 가격은 지속적으로 상승했다. 투기억제 목적의 조세정책 성적표는 실로 초라했다. 그 원인은 다양하게 분석되지만 애덤 스미스의 '보이지 않는 손'인 수요와 공급의 법칙에 의한 결과라는 것이 가장 유력하다. 수도권을 중심으로 한 주택수요는 점증해왔는데 주택공급은 그 수요에 늘 미치지 못했다는 것이다.

부동산 투기억제를 목적으로 한 규제적 조세인 부동산세제는 헌법상 보장된 국민의 기본권과도 지속적으로 마찰을 일으켰다. 헌법재판소는 1994년 지가 상승 이익을 노린 유휴지와 기업의 비업무용 토지를 과세대상으로 해 50%의 세율을 적용한 토지초과이득세에 대해 헌법 제23조의 사유재산권 보장 등에 반한다는 취지에서 위헌 결정을 내렸다. 또한 1999년에는 택지 소유의 경위나 목적에 관계없이 개인에 대해 일률적으로 소유 제한을 설정한 택지소유상한에 관한 법률이 최소침해성의 원칙에 위반돼 위헌 판결을 받았다. 2008년에는 세대별 합산을 규정한 종부세법 조항이 혼인으로 인한 차별 취급을 금지하는 헌법 제36조 제1항에 반한다는 등의 이유로 위헌으로 판단되기도 했다. 헌법재판소의 판시와 같이, 그 보유의 동기나 기간, 조세 지불 능력, 부동산 외의 재산 및 수입의 존부 등 제반 사정을 고려하지 아니한 채 일률적·무차별적인 고율 누진과세를 하는 것은 입법 목적의 달성에 필요한 정책수단의 범위를 넘어 납세자의 헌법상 기본권을 침해하게 되는 것이다.

부동산 투기가 만연하면 건전한 근로 의욕이 저해되고 과도하게 높은 주택가격은 청년들의 미래 청사진 설계에 장애가 되므로 당면한 국가적 해결 과제라는 점은 분명하다. 또한 주택가격의 상승을 최소한으로 억제해 중산층의 주거 안정을 도모해야 한다는 대의에 이의를 제기하는 사람은 찾기 드물다. 그러나 주택 가격은 어디까지나 수요와 공급의 경제원칙에 의해 결정되는 것으로, 규제형 세제를 앞세워 부동산 가격을 안정시킨다는 생각은 남가일몽(南柯一夢)에 그칠 가능성이 높다. 조세의 전통적 목적과 기능은 국가의 재원조달에 있으므로 조세가 오직 정책적 수단으로만 활용된다면 이른바 '죄악세(sin tax)'로 전락해 조세체계의 근간을 흔들 우려가 있음을 경계해야 한다. 지나친 양도차익 과세는 결집효과와 동결효과로 주택 공급을 얼어붙게 해 오히려 주택 가격의 상승 요인이 된다는 연구도 참고할 만하다. 또한 고율의 양도세를 유지한 채 보유세의 중과만을 시도한다면 사유재산권의 본질적 부분이 침해될 수 있다는 분석도 주목할 필요가 있다. 보유세는 미실현 상태의 평가차익에 대한 과세로 유동성 마련이 쉽지 않고 진정한 담세력의 판단이 어렵다는 사실상의 문제도 있다. 가령 10억 원의 주택을 오래전 1억 원에 구매한 자와 최근 10억 원에 산 자의 담세력이 같을 수 없고, 자기자본으로 구매한 사람과 은행에서 대출을 받아 구입한 사람의 담세력이 같지 않음도 자명하다. 시민의 주거 안정과 조세의 공평부담이라는 '두 마리 토끼'를 잡을 수 있는 노마식도(老馬識途)는 진정 수세기 전 스미스의 '국부론(國富論)'에서 찾아야 할지도 모른다.

02

개정 종합부동산세법과 헌법가치

(2020. 08.)

부동산시장 안정화를 위한 종합부동산세(종부세)법·소득세법·법인세법의 부동산 3법 개정안이 8월 4일 국회 본회의를 통과했다. 다주택자 증여 취득세율 최고 12% 인상과 양도소득세(양도세)율 최고 75% 인상에 이은 주택의 취득·보유·양도에 대한 중과세 3종세트 완성이다.

개정 종부세법은 구간별로 0.6~3% 세율을 적용하되, 3주택 이상 또는 서울 전역을 포함한 조정대상지역 2주택 이상 보유자에게는 1.2~6%로 인상하는 강수를 뒀다. 6%의 세율은 카지노에 대한 재산세 고율분리과세 4%를 훌쩍 상회하는 것이다. 조정대상지역 2주택자의 세부담 상한은 종전의 전년도 세액대비 200%에서 300%로 상향되기도 했다. 특히, 법인의 주택 보유 행위를 억제하기 위해 법인 보유 주택에 대해서는 개인에 대한 종부세율 중 3%나 6%의 최고세율을 단일세율로 적용하면서, 종부세 공제제도 및 세부담 상한을 각각 폐지했다. 실수요 1주택자의 부담 경감을 위해 고령자 공제율이 구간별로 10%씩 상향됐으나 그 효과는 격화소양(隔靴搔痒)이다.

2005년 도입된 종부세는 부동산 투기를 억제하면서 부동산가격을 안정시키는 기능을 수행하는 전형적인 '정책적 조세'이다. 헌법재판소는 기본적으로 종부세를 재산세의 일종으로 보고 있으나, 종부세는 부동산의 시가를 과세대상으로 하면서 인별 합산과세에 누진세율까지 적용하므로 수익세의 성격이 강하다는 견해도 유력하다.

현행 종부세는 과세기준일인 매년 6월 1일 현재 재산세 과세대상인 국내 주택 및 토지를 유형별로 구분해 인별(人別)로 합산한 후, 그 합계액이 각 유형별 공제액을 초과하는 경우 그 초과분에 대해 부과한다. 주택을 기준으로 공시가격 6억 원(1세대 1주택자는 9억 원)이 공제액으로 설정돼 있는데, 1세대 1주택이더라도 부부 공동 명의이면 6억 원만 인정된다. 세액계산시 공시가격에 공제액을 차감한 초과분에 공정시장 가액비율을 곱하는 것이 특징적이고, 위 비율은 2020년 90%, 2021년 95%, 2022년 100%로 증가될 예정이다. 위 과정을 거쳐 산출된 금액에 기부과된 재산세 상당액을 공제하고, 장기보유 및 고령자공제라는 1주택자 세액공제를 거쳐서 최종 종부세 납부세액이 도출된다.

종부세는 2005년 초 주택과 토지의 '인별합산' 방식으로 최초 도입됐는데, 2005년 말 종부세는 세대별 합산방식으로 전환하면서 주택의 과세기준을 종전 공시가격 9억 원에서 6억 원으로 하향했다. 위 개정규정에 대해 2008년 헌법재판소는 과세방법을 '세대별 합산'으로 규정한 부분은 단순 위헌 결정을, 1세대 1주택 장기보유자 등에 대해 납세의무 감면 등의 예외조항을 두지 않고 일률적으로 과세하는 부분은 헌법불합치 결정을 내렸다. 2008년 말 개정된 종부세법은 '공정시장 가액비율 80%'에 따른 과세표준 산정, 과세기준금액의 상향 조정, 만 60세 이상 1세대 1주택자에 대한 세액공제 등을 골자로 했다. 이후 약 10년 간 큰 변화 없이 유지되어 오던 종부세법은 2018년 말 개정되어 공정시장 가액비율의 매년 5% 단계적 인상, 세율의 인상 등의 내용을 도입했다.

해외의 부동산 보유세로는, 미국의 재산세, 영국의 카운슬세, 독일의 부동산세, 프랑스의 부동산세 및 부동산부유세, 일본의 고정자산세를 들 수 있다. 해외 세제의 공통점은 부동산에 대한 보유세 비율이 프랑스의 부동산부유세 정도를 제외하고는 기본적으로 '누진세율'이 아닌 '비례세율'을 채택하고 있다는 점이다. 프랑스에서 2018년부터 시행 중인 부동산부유세의 경우 부채를 고려한 순자산 합산총액에 대해 과세하고 있어 부채가 반영되지 않는 우리나라 종부세와는 근본적 차이가 있고, 그 자체로는 경중을 단정하기 어렵다.

개정 종부세법의 문제점은 다수 제기되는데, 지나치게 고율의 세율을 부과함으로써 사실상 재산을 무상몰수하는 효과를 낳는다는 점이 대표적이다. 예컨대, 현행 6% 최고세율의 종부세가 10여년 이상 부과되면 해당 부동산 가치 100%를 국가가 무상 취득하는 결과가 될 수도 있다. 특히 취득세와 양도세의 중과로 탈출구마저 차단한 채 보유세마저 중과하는 부분은 헌법상 재산권의 본질적 부분에 대한 침해 논란에서 자유로울 수 없다. 뿐만 아니라, 1주택이더라도 부부 공동 명의에 대해 차별 중과하는 것은 헌법상 혼인생활의 보호에 충실하지 못하다는 지적이 있다.

또한, 해외 입법례에서 보듯이 지방자치단체의 서비스 대가인 보유세에 대해 고강도의 누진세율 적용은 그 합리성을 찾기도 어렵다. 종부세 도입 당시부터 꾸준히 지적됐던 이중과세 문제에도 경청할 필요가 있다. 종부세 산정시 기납부한 재산세가 공제되므로 보유세의 중복과세 문제는 일정 부분 해결됐다고 볼 수 있지만, 종부세의 수익세적 성격을 고려하면 부동산 처분시 발생하는 양도세에서 기납부한 종부세를 공제할 필요성도 있다.

아울러 종부세 과세표준에는 고율의 양도세 대상이 되는 미실현이익이 내재하고 있고 이는 사실상 조세채권자인 국가의 몫임에도 이를 제외하지 않는 것은 보유세의 취지에 반한다는 주장도 일리 있다. 미국의 경우 재산세를 소득의 필요경비로 삼고 있고, 주택담보대출에 따른 이자도 소득에서 공제하는 장치를 마련하고 있는 점도 십분 참고해야 한다. 주택가격이 그동안 급격하게 상승했음에도 공제금액을 물가상승률의 반영 없이 약 10년 전과 동일하게 유지하는 것도 문제이다. 특히 소유자에 대한 과도한 종부세 부과는 그 부담이 임차인들에게 전가될 수 있는 풍선효과도 고려해야 한다. 개정 종부세법이 주택의 실수요자들에 대한 가혹한 세부담으로 귀착되지 않도록 납세자의 마음을 헤아리고 헌법가치를 바로 세우는 제도의 재고(再考)가 무엇보다도 절실한 시점이다.

03

포스트 코로나 시대와 그린 자동차세

(2020. 09.)

　5,000만 민족 대이동을 앞둔 추석 한가위가 목전이다. 지난 20일 한국
교통연구원의 '추석연휴 통행실태조사'에 따르면 코로나19 확산방지를 위
한 정부의 이동 자제 권고에 따라 올해 연휴기간 이동인원은 작년 대비
28.5% 감소한 2,759만 명으로 예상된다고 한다. 불가피하게 이동하더라
도 대중교통보다는 다중 접촉을 최소화하는 자가용을 이용하겠다는 응답
이 예년보다 높게 나타났다. 그에 상응하듯이 올 상반기 내수 자동차 신
규등록은 지난해 같은 기간보다 6.6%에 늘어난 약 95만 대에 달했다. 수
도권 대중교통 이용이 작년 대비 36% 감소한 것과 비교하면, 코로나19로
인한 언택트 심리가 자가용 구매로 고스란히 투영된 결과라 해도 과언이
아니다.

　자동차 등록대수는 1990년 339만 대였는데, 2019년에는 약 2,368만 대
에 달해 자동차는 국민 2명당 약 1명 꼴로 보유하는 생활필수품이 됐다.
그럼에도 자동차와 관련해 국세와 지방세를 통틀어 11개 세금이 부과된
다는 점은 생소하다. 자동차에 관한 조세는 ① 취득 단계에서 자동차에
대한 개별소비세, 교육세, 부가가치세, 취득세, ② 보유 단계에서 보유분

자동차세, 지방교육세, ③ 운행 단계에서 유류에 대한 개별소비세, 교육세, 부가가치세, 교통·에너지·환경세, 주행분 자동차세가 부과된다. 2018년 기준 지방세 세수 84조 3,183억 원 중 자동차 세수가 14조 476억 원을 차지해 가히 지방재정을 떠받치는 효자 역할을 톡톡히 하고 있다.

매년 6월 및 12월 분할·납부하는 보유분 자동차세는 과세기준일 현재 지방자치단체의 자동차 등록원부상 소유자에게 부과되는데, 재산세와 부담금적 성격을 겸유한다. 자동차의 소유사실이 과세요건이어서 재산세 성격을 가진 조세이지만, 도로이용에 대한 도로손상부담금의 성격 및 대기오염 등 외부불경제의 유발에 대한 환경오염부담금의 성격도 아울러 갖는다. 자동차세는 승용, 승합, 화물 등 차종과 영업용, 비영업용 등 용도에 따라 세율 구조를 달리 정하고 있는데, 승용자동차에 대해서는 용도구분 없이 배기량을 과세표준으로 한 누진세율이 적용된다. 전기자동차는 용도에 따라, 승합자동차, 화물자동차 및 특수자동차에 대해서는 종류 및 중량 등에 따라 각각 정액의 자동차세가 부과되고 있다. 주행분 자동차세는 유류 구입시 리터당 부과되는 교통·에너지·환경세액의 36%가 부가세 형식으로 부과된다는 것이 특징이다.

자동차세의 시초는 1921년 도세(道稅)로 신설된 '차량세'라고 보는 견해가 일반적이다. 1949년 개정된 차량세는 자가용 승용차의 경우 승차 정원을 기준으로 과세했고, 1958년에는 '자동차세'로 명칭을 바꾸어 차량의 종류, 축간거리 등을 기준으로 부과했다. 1991년 개정을 통해 비영업용 승용자동차에 대해 '배기량'을 기준으로 7단계로 나누어 과세했고, 1999년 개정에서는 한·미 통상협상의 결과를 반영해 그 과세체계를 5단계로 단순화했다. 2001년 개정부터는 신차와 중고차에 대한 세부담 형평을 도모하기 위해 자동차 등록 후 3년이 되는 해부터 1년당 5%씩 세액을 경감하도록 '배기량'과 '차령' 기준을 함께 두었다. 2012년에는 한·미 자유무역협정에 따라 승용자동차에 대한 자동차세의 세율구간을 배기량 1,000cc

와 1,600cc 전후를 기준으로 3단계로 축소하여 현재에 이르고 있다. 1991
년 도입된 배기량 기준이 30년 동안 계속되고 있어 자동차의 재산적·이용
적·환경적 측면에 대한 고려가 미흡하다는 평가가 있는 것도 사실이다.
19대 및 20대 국회에서 자동차가격을 기준으로 과세방식을 변경하는 개
정안이 발의되기도 했으나 모두 회기만료로 폐기됐다.

　미국에서는 주마다 차이가 있지만 자동차 보유에 대해 자동차 중량을
기준으로 한 도로사용세(연방세)와 자동차 가액을 기준으로 한 재산세(주
세)가 병과된다. 일본은 자동차중량세(국세)와 자동차세(지방세)를 두고 있
는데, 전자는 자동차의 중량에 따라, 후자는 배기량에 따라 납부세액이
정해진다. 영국의 자동차세는 취득 1년 후에는 이산화탄소 배출량을 기준
으로, 2년차 이후부터는 자동차 가격 및 연료의 종류를 기준으로 부과되
는 이원적 체계를 가지고 있는 점이 특징이다. 독일, 프랑스 등 대부분의
유럽연합(EU) 회원국들은 이산화탄소 배출량을 보유 단계 자동차세의 기
준 중 하나로 삼고 있다는 점에도 주목할 만하다. 유럽 자동차제조협회는
EU 회원국들에게 온실가스 배출량을 기준으로 한 과세기준 도입을 지속
적으로 요구해 왔고, 그에 부응하여 2020년 현재 약 19개의 EU 회원국들
이 자동차 취득세나 보유세 부과기준에 이산화탄소 배출량, 배기가스, 연
비 등과 같은 친환경 기준을 사용하고 있는 것이다.

　자동차 배기량을 기반으로 과세하는 우리나라의 자동차세는 자동차의
재산세적 성격을 충분히 반영하지 못해 응능과세원칙에 반한다는 비판이
있다. 같은 취지에서 전기자동차 등 새로운 유형의 자동차에 대해 구체적
형평을 기하는 데에 부족하다는 견해도 있다. 자동차의 환경적 부담과 생
활필수품적 성격을 고려하여 자동차 연료에 부과되는 주행분 자동차세를
인상하는 대신, 보유분 자동차세는 면제하자는 주장도 제기된다. EU 회원
국들의 사례에서 보듯 자동차세에 대한 글로벌 스탠더드는 이산화탄소 배
출량 등 환경오염의 유발 정도에 비례하는 것이다. 2020년도 환경부 예산

안은 전년 대비 20% 가량 증액된 8조 4,000억 원인데 그중 30%인 2조 3,000억 원 가량이 미세먼지 저감 조치에 투입된다고 한다.

자동차가 유발하는 사회적 비용에 대한 재정 투입이 날로 증가하고 있는 만큼, 그 외부효과를 감소시키기 위해 이산화탄소 배출량이나 연비를 과세기준으로 하는 방안을 중·장기적인 과제로 삼을 만하다. 제도의 연착륙을 위해서 현재의 배기량 기준의 자동차세를 수년에 걸쳐 점진적으로 인하시키고, 이산화탄소 배출량 또는 연비기준 과세를 점차 증가시켜 가는 절충안을 고려하여 볼 수도 있다. 포스트 코로나 시대를 대비하여 미래형 자동차세에 대한 고민이 필요한 시점이다.

04

개정 주택취득세제와 문질빈빈(文質彬彬)

(2020. 12.)

　7·10 부동산대책의 주역인 취득세에 대한 관심이 어느 때보다 높다. 개정 지방세법에 따르면 종전 1~3%였던 주택 취득세율(기본세율)이 서울 등 조정대상지역(특정지역)은 2주택 이상부터 8%, 3주택 이상 및 법인 취득은 12%로 인상됐다. 따라서 기본세율은 특정지역 1주택 또는 비특정지역 2주택 이하의 경우에만 적용된다. 뿐만 아니라, 증여에 대한 취득세도 대폭 강화돼 3억 원 이상의 특정지역 주택을 증여할 경우에는 그 세율이 종전 3.5%에서 12%로 급증했다. 이사, 취업 등으로 인해 일시적으로 2주택이 되는 경우 특정지역은 1년, 비특정지역은 3년 이내의 처분을 전제로 신규 주택에 대해 기본세율을 적용받을 수 있지만, 그 기간 내에 처분하지 못하면 취득세 차액이 추징된다. 분양권 및 입주권은 그 자체가 주택은 아니지만 세대의 '주택 수' 산정에 포함된다. 개정 취득세제도 부동산 3법의 한 축으로 다주택자에 대한 전방위적 압박에 동참했고, 선도적으로 대책 발표 한달 만에 연도 중 공포와 동시에 전격 시행됐다.

　취득세의 연원은 17세기 초반 네덜란드의 인지세로 거슬러 올라간다. 당시 화란 정부는 민간부문의 취득행위를 법률에 의해 공식적으로 인정하고 그 재산권의 보장 및 입증서비스를 '인지'의 형태로 수행하면서 그에 소요되는 비용을 시민에게 부과했다. 현대에 이르러 인지세는 실물자산 거래가격에 대해 부과하는 재산거래세의 형태로 변모했다. 이러한 취득세의 성격에 대해 서구에서는 정부가 제공하는 공공서비스의 대가를 납부하는 편익과세로 보거나, 지방정부에 대한 가입비로 간주하는 견해가 있는 반면, 취득세는 수요자의 경제적 부담을 상승시켜 동결효과를 야기함으로써 사회적 후생손실을 초래한다는 지적도 있다. 그럼에도 불구하고 취득세가 면면히 조세로 유지되어 온 이유는 납세자들이 소유권 거래에 대한 공적 확인을 받기 위한 수단으로 취득세를 납부하므로 납세순응도가 상대적으로 높고, 과세관청에서도 재산거래의 포착이 비교적 용이하여 행정비용이 적은 편이며, 취득세는 과세대상 재산가치의 주기적 상승경향으로 조세수입의 신장성이 크다는 점 때문이다.

우리나라의 취득세는 대한제국 시절인 1909년 4월에 반포된 지방세법에서 근원을 찾을 수 있는데, 그 당시에는 토지와 가옥의 소유권 취득세와 저당권 취득세로 출발했다. 일제강점기인 1926년 부동산 취득세로 개명됐다가 광복 이후 1949년 12월 제정 지방세법에 포함됐다. 취득세는 당초 과세대상을 부동산에 한정했으나 6·25전쟁 중이던 1952년 9월 전비 조달을 위해 취득세라는 명칭으로 개칭하고 '금고'와 '소형 선박'을 과세대상에 포함시켰다. 취득세 중 주택에 대한 취득세는 2004년까지 5%로 유지되다가 이후 7·10 부동산대책 이전까지는 1~4%의 범위 내에서 변동이 이뤄져 왔다. 2020년 지방세통계연감에 따르면 2019년 지방세수 총액 90조 4,604억 원 중 취득세는 23조 9,147억 원으로 26.4%를 차지하고 있고, 2016년 21조 7,016억 원, 2017년 23조 4,866억 원, 2018년 23조 8,135억 원으로 세입이 꾸준히 증가하는 지방세의 든든한 맏형이기도 하다.

미국은 전통적으로 취득 단계의 세금이 낮고 보유 단계의 세금이 상대적으로 높은 대표적 국가이다. 미국에서는 주별로 차이가 있으나 통상적으로 주택을 살 때 취득세가 부과되지 않고 행정 서비스의 이용대가로 수수료 약 100~300달러를 지불하면 된다. 독일에서는 주택에 대해 주(州) 법에 따라 3.5~5.0% 정도의 '부동산취득세'가 부과되고 있는데, 소비과세의 성격이 있다고 보아 부가가치세는 과세하지 않는다. 부동산부유세를 과세하는 프랑스의 경우에도 주택 취득시 부동산 가액에 따라 5.09~5.8% 정도의 '등록세'가 부과될 뿐이다. 일본의 경우 우리나라와 유사한 '부동산취득세'를 운용하고 있는데, 단순비례세율 구조를 채택하고 표준세율을 4%로 설정하고 있다. 높은 취득세를 둔 국가로 인용되는 싱가포르는 초과누진세율 구조로 1~4%의 '취득세'를 부과하면서 다주택자에게는 12~15%를 부과하는데, 싱가포르는 취득세가 주력 세목으로 3년 이상 보유시 양도소득세가 없고 보유세가 1% 미만인 점이 간과되면 안 된다.

취득세는 인류의 경제활동과 4세기 이상을 함께 해 온 전통적 세목이다. 거래세는 인적 요소를 배제해 과세체계의 간편성을 추구하는 것을 본질로 삼는데, 다주택 세대를 중과하고 일시적 2주택자에 대해 사후관리까지 하는 개정 주택취득세제는 취득세의 본질과는 거리가 먼 듯하다. 최대 12%까지 부과되어 과중한 취득세로 인해 거래 자체가 금지되는 주객전도의 국면이 초래된다는 주장도 있다. '법령 등 공포에 관한 법률'은 국민의 의무 부과와 직접 관련되는 법률은 긴급히 시행하여야 할 특별한 사유가 없는 한 공포일로부터 적어도 30일이 경과한 날부터 시행되도록 하여야 한다고 규정하고 있는데, 개정 취득세제의 연도 중 공포 당일의 전격 시행은 납세자의 신뢰에 반하고 법 위반의 소지가 있다는 지적도 주목된다.

거래세인 주택취득세의 과도한 누진세율체계는 개인간의 형평성은 개선하지 못하면서 거래량을 왜곡시켜 지방재정수입의 안정성을 떨어뜨릴 우려도 있다. 단적으로, 동결효과로 인하여 주택거래 자체가 발생하지 아니한다면 세수 감소로 직결될 것임은 명약관화하다. 문턱효과를 차단하면서 전체 과세대상과의 통일성을 갖출 수 있도록 주택에도 단순비례세율을 도입하는 것을 검토할 필요가 있다. 취득세제에서 세대단위로 중과세를 하거나 감면요건을 운용하는 것은 헌법상 혼인과 가족생활을 보호하도록 한 헌법 제36조 제1항에 위반된다는 견해도 경청할 가치가 있다. 주택취득세제가 정책적 조세의 기능을 수행한다는 것은 부인할 수는 없지만, 법률행위를 과세계기로 한 거래세라는 취득세의 본질적인 과세형식과 조화를 이룰 수 있도록 문질빈빈(文質彬彬)의 가치 추구가 필요하다.

공시가격 현실화와 조세법률주의

(2021. 02.)

　매년 1~2월은 '공시지가 논란의 시즌'이다. 지난 2월 1일 결정·고시된 2021년 표준지 공시지가는 전국 평균 10.37%의 상승으로 금융위기 직전인 2007년 이후 최고치를 기록했다. 시·도별로는 서울 11.41%, 광주 11.39%, 부산 11.08%, 대구 10.92% 등 대도시들이 앞다퉈 공시지가를 견인해 나가는 형국이다. 표준지 공시지가를 토대로 한 전국의 단독주택과 공동주택의 공시가격은 4월 말 발표 예정이다. 정부가 매년 내놓는 공시가격은 재산세, 종합부동산세 등 부동산 세금의 과세표준을 구성할 뿐만 아니라 지역 건강보험료의 부과액 산출과 기초연금 대상자, 기초생활보장 대상자의 판단기준으로도 작용하는 등 60여종의 세금, 준조세, 부담금을 매기는 잣대가 된다.

　정부는 작년 11월 부동산 공시가격 현실화 계획을 발표하면서 그 현실화율을 시세의 90% 수준으로 끌어올리겠다는 방침을 공표한 바 있다. 이를 위해 작년 4월에는 국토교통부장관이 부동산의 시세 반영률의 목표치를 설정하고 이를 달성하기 위한 계획을 수립할 수 있는 법적 근거가 마련되기도 했다. 작년 부동산 3법의 개정에 의해 주택에 관한 최고 세율이 취득세제는 12.5%, 보유세제는 7.2%, 양도세제는 82.5%로 급등한 터에 공시가격마저 치솟아 다주택 보유자는 세금 융단폭격에 직면하게 됐다. 조정대상지역 내에 집 한 채를 보유한 퇴직자들이 세금 부담에 거처를 옮겨야한다는 조소(嘲笑)마저도 이제는 가상 시나리오만이 아닌 세상이 된 것이다.

부동산 공시가격은 부동산공시법을 기본 법령으로 해 토지, 단독주택 및 공동주택간 서로 다른 규칙을 구비하고 있다. 공시가격 산정방법은 토지의 경우 전문감정평가업자가 조사·평가한 후 전문감정평가업자가 검증하고, 단독주택은 한국감정원에서 조사·산정 및 검증을 모두 담당하며, 공동주택은 한국감정원에서 조사·산정하고 별도의 검증 절차가 없는 것이 특징이다. 종전에는 단독주택의 표준가격을 전문감정평가사가 조사·평가했으나 현행 제도는 한국감정원 직원이 조사·산정하도록 변경됐고, 단독주택의 개별가격의 검증 업무도 종전에는 전문감정평가사에게 위임됐던 것이 한국감정원 직원의 검증으로 바뀌었다. 뿐만 아니라 공동주택의 공시가격에 있어서 한국감정원이 전문감정평가기관이 아닌 부동산 가격 조사기관으로 법적 지위가 변경된 것도 주목을 요한다. 결국 단독주택과 공동주택의 공시가격은 가치 기반 평가에 의한 객관적 가격이 아닌 조사·산정과 시세반영율조정에 의한 주관적 가격으로 격하됐고 제대로 된 검증 과정도 갖추지 못해 부동산 공시법상 적정가격과는 동떨어지게 됐다.

우리나라 공시가격의 기원은 1973년 기준지가고시에 대해 정한 국토이용관리법에서 찾는 것이 일반적이다. 그 후 국토이용관리법에 의한 건설부의 기준지가, 지방세법상 내무부의 과세시가표준액, 국세청이 주관하는 기준시가 등이 개별적으로 운용돼오다가 1989년 지가공시법의 제정으로 표준지 공시지가를 기준으로 지가산정을 하되 법정 목적에 따른 가감이 가능하도록 해 다원화된 지가 체계를 일원화했다. 2005년 위 법률은 부동산공시법으로 전부 개정됐다가 2016년에는 부동산공시법에서 감정평가 및 감정평가사에 관한 법률로 이분법 됐고, 2020년 개정에서는 정부가 시세 반영률의 목표치 및 연도별 달성 계획을 수립할 수 있는 근거가 추가로 신설됐다.

우리나라의 부동산 가격공시제도가 일원화된 지가산정제도로 안착했고, 다양한 행정 목적의 통일적 기준의 역할을 수행하고 있는 공(功)을 부인할 수는 없으나 여전히 다양한 비판의 목소리가 높다. 우선, 적정한 조세부담을 산정하기 위해 세율과 과세표준은 상호 고려를 통한 길항(拮抗)관계에서 정해지므로 과세표준을 구성하는 공시가격을 현실화시킨다면 세율은 그에 상응해 낮춰야 하는데 양자를 동시에 급등시키는 것은 조세정책의 역주행이라는 지적을 피할 수 없다. 그것도 공시가격의 현실화율을 인위적으로 올려 잡아 각종 제세공과금의 전면적 상승의 연쇄 효과를 유발시키는 것은 우회 증세로서 헌법 제59조의 조세의 종목과 세율을 법률로 정한다는 조세법률주의에 위배 소지가 있다는 비판에도 경청해야 한다. 또한, 대다수 국민들의 재산권과 직결되는 공동주택의 공시가격은 검증절차조차 불비된 한국감정원의 조사·산정 금액에 의해 정해지는데, 이에 대한 별도의 검증절차를 창설하는 것이 무엇보다 절실하다. 단독주택의 경우에도 공시가격 검증 주체를 한국감정원이 아닌 제3의 기관으로 지정해 공정성을 담보해야 할 것이다. 공시가격 결정은 평가의 영역이므로 적절한 법률적 통제를 가하기가 쉽지 않은데 이를 그대로 조세부과의 기준으로 차용한다면 조세법률주의의 기본적인 취지가 몰각될 수 있으므로 개별세법에서 공시가격을 가감할 수 있도록 하되 그 가감의 폭을 법률로써 정하는 대안을 생각해 봄직하다. 공시가격 현실화가 가져오는 여러 파급효과를 고려하는 견미지저(見微知著)의 지혜를 궁구할 시점이다.

06

'산수(傘壽) 레저세'의 여정과 과제

(2021. 08.)

'레저의 시간'인 여름 휴가철이 한창이다. 레저(leisure)의 어원은 그리스어 스콜레(schole)인데, '자유 시간'을 뜻한다. 스콜레는 학문적 토론이 행해지는 장소를 지칭하는 말로도 사용됐는데, 고대 그리스 철학자들에게 최고의 여가는 토론이었기 때문이다. 스콜레는 '자유로워지다'라는 뜻의 라틴어 리세레(licere)로 이어져 현재의 레저(leisure)가 됐다. 레저 활동은 고대에도 중요한 삶의 일부였고, 오늘날에도 일과 여가의 균형은 늘 강조되고 있다.

현행 지방세법은 '레저세'라는 세목으로 7개의 사행산업 중 경마·경륜·경정 및 소 싸움 경기에 대한 투표권 발매금의 10%를 징수하고 있다. 레저세액 30% 상당의 지방교육세와 농어촌특별세 및 별도의 축산발전기금 등이 추가로 납부된다. 국가가 경마 등의 사행적 성격은 낮게, 오락의 효용은 높게 보아 제도권에 편입한 것이다. 소비행위인 투표권 구입 행위를 담세력으로 보면서도 사행행위 규제를 위한 죄악세적 성격을 가미했다.

반면 다른 사행산업인 카지노업, 복권, 체육진흥투표권은 과세대상에서 제외되고 폐광지역 발전기금, 복권기금, 국민체육진흥기금 등이 부과된다.

레저세의 과세대상은 위 경마·경륜·경정 및 소싸움 경기의 투표권 구입 행위가 된다. 납세지는 광역지방자치 단체인 시·도인데, 장외발매소에서 발매한 투표권에 대한 레저세는 경기장의 소재지와 장외 발매소 소재지에 각 50%씩 납부하게 된다.

납부된 레저세는 장외 발매소 소재지의 기초자치단체들에도 그 1.5%가 징수교부금으로 배분된다. 경마장 등을 이용해 법률이 허용하는 도박을 하는 국민은 지방세로 레저세 등을 납부하는 외에 국세로 입장권을 구입할 때 개별소비세 및 교육세를, 투표권 적중으로 소득이 발생하면 기타소득에 따른 소득세 및 지방소득세를 부담하게 된다. 레저세는 사행행위 삼중세목 중 지방세의 맏형격인 셈이다.

레저세의 연혁은 지금으로부터 80년 전인 1942년에 국세로 신설된 '마권세'로 거슬러 올라간다. 이후 1961년 제1차 경제개발 5개년 계획에 따라 단행된 전면적인 세제개편과정에서 지방세법이 제정된 이후 시·군세로 이양됐다. 이후 1988년 서울경마장이 과천시로 이전하면서, 경마장이 소재한 경기도 과천시에만 막대한 세수입이 귀속되자 특정 지방자치단체에만 세수가 편중되는 것을 막기 위해 광역시·도세로 전환됐다. 1994년에는 '경주·마권세'로 개칭해 경륜·경정을 과세대상으로 확대했고, 1995년부터는 장외 발매소가 소재한 시·도에도 세원을 일정 부분 안분하도록 했다. 2002년에는 넓은 세원 발굴의 기반을 마련하기 위해 명칭을 '레저세'로 바꾸면서 소싸움의 투표권 구입행위도 과세대상으로 포함했다. 행정안전부의 '2020년 지방세통계연감' 기준 전체 지방세 세수 약 90조 5,000억 원 중 레저세가 차지하는 비율은 9,700억 원, 1.1% 정도로 세수 비중은 높지 않다. 하지만 경기도에서는 매년 5,000억 원 이상의 세수가 징수되는 등 약 10개의 경기장과 약 70개의 장외 발매소가 위치한 광역시·도에서는 무시할 수 없는 중요한 세목이다. 반면, 울산·세종·강원·충북·전북·전남에는 레저세 과세대상 시설이 존재하지 않아 그 세수가 전무(全無)하다.

　레저세의 규모는 적지만 특별한 성격으로 인해 다양한 제언이 제시되고 있다. 우선 레저세는 그 명칭과는 달리 기본적으로 마권구입 등과 같은 사행행위를 과세대상으로 한다는 점에서 레저의 일반적 개념과 유리돼 있다는 지적이 있다. 차제에 세목의 실질을 반영해 '특수오락세' 또는 '사행행위세' 등으로 그 명칭을 변경하는 것이 바람직하다.

　동일한 사행행위의 범주에 속하는 카지노·복권·체육진흥투표권은 투표권 적중이나 입장행위만 과세되는 것에 비하여 경륜·경정·경마행위는 사업장 입장, 투표권 구입 및 투표권 적중에 대해 삼중과세가 이뤄지는 규제의 차이도 개선을 요한다. 최근 코로나19의 영향으로 레저세 세수가 예년의 20% 수준으로 떨어지면서 한 걸음 더 나아가 복권 및 체육진흥투표권 등에도 레저세를 부과하자는 일각의 주장도 있다. 사행산업간 조세 형평성의 관점에서 관련 기금 등의 재원 조성 방안을 포함해 중·장기적으로 사행산업 과세체계의 개편 필요성이 있다고 사료된다. 조세제도를 통하여 사행행위를 감소시킬 정책적 필요성을 부인할 수는 없지만, 국가가 합법의 틀 내에서 경륜·경정·경마 행위 등을 허용하고 있는 이상 옥상옥(屋上屋) 규제는 신중할 필요가 있다. 올해로 팔순이 된 레저세 과제의 합리적 해결을 기대한다.

09

기타 조세
산책

01

죄악세에 대한 단상

(2018.06.)

　올해 1분기 국산 담배의 수출이 전년 대비 28.3% 급감하였다는 농림축산식품부의 발표가 있었다. 담배수출 1위 시장인 아랍에미리트(UAE)가 국민건강에 유해한 생활방식을 바로잡는다는 이유로 작년 10월부터 담배에 '죄악세' 성격의 특별소비세 100%를 적용한 탓이라고 한다. 사우디아라비아도 2016년 6월 담배, 탄산음료에 죄악세를 부과하기 시작했다. 비단 중동국가만이 아니라 태국에서도 작년부터 담배, 주류 및 당분 함유 음료에 부과되는 특별소비세가 대폭 인상되었다. 미국 캘리포니아 버클리시도 청량음료의 소비를 막기 위해 죄악세를 부과하고 있다.

　죄악세(sin tax)는 담배, 청량음료, 패스트푸드, 마리화나 등에 매기는 세금이다. 국가가 유해하다고 판단한 물품에 대한 납세자의 소비행위를 억제하기 위해 소비세 규모를 훌쩍 넘어 조세 명목으로 징수하는 부담금인 것이다. 헌법재판소는 조세를 국가 등의 재정수요를 충족시키거나 정책목적을 실현하기 위하여 특별한 반대급부 없이 강제적으로 부과·징수되는 과징금이라고 정의하고 있다. 그에 따라 조세의 기능은 크게 '국가의 재정수요의 충족'과 '정책 목적의 실현'으로 구분된다. 죄악세는 정책 목적을 실현하기 위한 조세의 전형이다. 우리 역사 속에서도 정책 목적의 조세를 쉽게 찾아볼 수 있다. 조선시대의 상공업세는 사농공상 정신에 입각하여 농민이 상공업에 진출하는 것을 억제하였고, 흥선대원군은 은광개발 장려를 위해 은광 수입의 현물 납세량을 줄여주기도 하였다.

죄악세는 재정수입과 무관하게 특정행위를 제한하고자 한다는 점에서 일반적인 정책 목적의 조세와 차이가 있다. 죄악세의 목적이 완전히 달성되면 그로 인하여 거두어 들이는 재정수입은 제로(0)가 된다. 과연 그러한 세금이 우리의 조세제도상 허용될 수 있는가? 그 해답을 모색하기 위해서는 세금의 역사와 이론을 살펴볼 필요가 있다.

오늘날 세금의 본보기인 소득세의 기원은 영국에서 찾을 수 있다. 영국은 나폴레옹 전쟁에 소요되는 비용이 기하급수적으로 늘어나자 1842년 소득세를 한시적으로 도입하게 되었다. 미국도 남북전쟁의 막대한 전비를 조달하기 위하여 1862년 최초의 소득세를 들여왔다. 당시 소득세는 환영을 받지 못하는 천덕꾸러기 신세였다. 소득세 부과를 위해 국가가 시민들의 전반적인 경제생활을 감시해야 했고 이로 인한 사생활 침해문제로 큰 조세저항이 초래되었다.

이러한 불만을 잠재우고 조세부과를 정당화하기 위해 백가쟁명의 이론이 등장하였는데, 대표적 유형이 '이익설'과 '희생설'이다. 이익설은 국민의 세부담은 국가로부터 받는 이익의 정도에 대응하여 국민 각자에게 배분되어야 한다는 응익과세의 견해이다. 사회계약론자 토마스 홉스는 "조세는 국가의 보호에 대한 사용료를 지급하는 것이다"라고 보았고, 존 로크는 "조세는 용역에 대한 대가로서 이득세이다"라고 주장하였다. 반면, 현재 통설인 희생설은 국가는 그 임무를 달성하기 위해 당연히 국민에 대해 과세권을 가지고 국민은 납세의무를 부담한다고 보았다. 희생설은, 조세가 은사(donum)라는 선물 개념에서 시작했고 국가를 지원하는 도움(aid)이나 부담(contribution)으로 발전했다가 최종적으로 희생의 개념인

강요(compulsion)로 정리되었다고 한다. 또한, 조세부담은 능력에 따라야 한다는 응능과세의 입장을 취한다. 미국의 홈스 대법관은 "조세는 문명사회를 위하여 지불하는 대가이다"라고 판결한 바 있다.

응능과세 원칙에 따라 납세자가 부담하는 세금은 공평해야 한다. 자본주의의 대부 아담 스미스는 담세력에 따른 세부담을 최초로 주장했다. 우리 헌법재판소도 "조세평등주의는 조세의 부과와 징수를 납세자의 담세능력에 상응하여 공정하고 평등하게 할 것을 요구한다"고 보았다. 개개인의 담세력에 상응하는 세금이 부과되어야만 정의롭다는 결론이다.

그렇다면 국가의 세금 부과를 정당화하는 개인의 담세력이란 무엇인가? 현행 세제와 이론 하에서 담세력은 크게 소득, 소비 그리고 재산으로 구성된다. 소비와 재산은 소득이 바뀐 모습이기 때문에 담세력 중 가장 중요한 원천은 소득이라고 단언할 수 있다. 담세력 파악의 방법과 정도는 국가의 이념이나 정책에 따라 달라질 수 있지만, 담세력이 전혀 없는 곳에 과세하는 것은 정당하지 않다.

조세부과의 핵심근거는 담세력이고, 조세의 주된 목적은 어디까지나 재정수입 확보에 있다. 재정수입의 목표는 전혀 없고 국민의 행동을 억제할 의도만을 가지고 있는 조세를 이른바 '압살적 조세(Erdosselungssteuer)'라고 하는데 이러한 세금은 위헌이라는 데에 세계 각국의 학자들의 견해가 일치한다. 담세력의 근거 없이 조세를 마치 '전가의 보도'와 같이 활용하여서는 안 된다는 것이다. 어떠한 행위를 금지하기 위해서는 형사처벌, 과태료 등의 다른 제재수단을 과하면 족하다. 죄악세가 추구하는 정책목표에는 공감하지만 조세의 이름으로 도입하는 문제에는 신중을 기할 필요가 있다. 조세제도는 재정수입을 조달하고 소득을 재분배하며 사회정책적 기능을 수행하는 우리 사회의 마룻대와 대들보이다. 정책적 요소의 반영을 통해 조세제도의 순기능을 유지·발전시켜 나가는 것이 필요하지만, 이를 남용하여 교각살우의 우를 범하지 않도록 하는 중용의 미덕을 생각해볼 시점이다.

하이브리드형 건강보험의 미래

(2021. 03.)

코로나19 사태에 맞서는 K-방역의 성과에는 의료인들의 희생과 헌신을 빼놓을 수 없다. 의료인들의 노고와 더불어 우리나라의 의료체계의 대들보인 건강보험제도도 팬데믹 국면에서 국민 건강을 담보하는 든든한 방파제 역할을 하고 있다. 건강보험제도 덕분에 품질, 접근성, 비용 측면에서 여느 선진국 못지않게 훌륭한 수준으로 긴급 의료수요에 대응할 수 있기 때문이다. 우리나라의 건강보험제도를 세계 각국에 공유하기 위해 매년 개최되는 '건강보험 국제연수 과정'에는 이를 벤치마킹하기 위해 20개국 이상의 보건 의료전문가들이 참여하고 있다.

2019년 말 기준 의료보장 적용인구는 총 5,288만 명이고 그중 의료급여 수급권자 149만 명을 제외한 5,139만 명이 건강보험 적용인구다. 2019년도 건강보험 가입자가 내는 보험료는 약 60조 원, 진료비 사용액은 약 86조 원으로, 같은 기간 세수인 소득세 약 90조 원, 법인세 약 72조 원, 부가가치세 약 70조 원에 뒤지지 않는 막대한 규모다.

건강보험제도는 질병이나 부상으로 인한 고액의 진료비가 가계에 과도한 부담이 되는 것을 방지하기 위해 부담 능력에 따라 보험료를 부과하되 납부 수준과 관계없이 균등한 보장을 제공하는 의료보장체계다. 우리나라가 채택하는 건강보험제도는 국민건강보험(National Health Insurance) 유형으로서 단일의 국가기관이 의료보장 및 사회연대기능에 더해 소득재분배 기능까지 수행하는 독특한 형태로 평가된다. 우리나라 건강보험료는 조세의 명칭이 붙어있지는 않지만, 실질적 세금기능도 수행하는 대표적인 준조세(quasi-tax) 항목인 것이다. 보험의 원리에 따라 보험가입자는 보험료 납부의무를 부담한다는 점에서 일반조세로 재원을 마련하고 모든 국민에게 무상의료를 제공하는 국민보건서비스(National Health Service) 시스템과 다르고, 공적영역의 단일한 보험자가 국가 전체의 건강보험을 관리·운영한다는 점에서 정부 기관이 아닌 다수의 보험자가 보험료를 통해 재원을 마련하는 사회보험(Social Health Insurance)제도와도 구별된다.

의료보험제도의 효시(嚆矢)는 1963년 제정된 의료보호법으로 보는데, 제정 당시에는 300인 이상 사업장에 대해 임의적용을 하다가 1977년 개정으로 500인 이상 사업장부터 의무가입이 강제된 후 그 적용대상이 순차로 확대됐다. 1989년부터는 도시지역 의료보험이 실시돼 비로소 '전 국민 의료보험 시대'가 열렸다. 이어 200여 개의 지역의료보험조합과 공무원·사립학교 교직원 의료보험관리공단 및 100여 개의 직장의료보험 조합이 순차 통합돼 2000년 현재의 국민건강보험공단이 출범되면서 우리나라의 건강보험체계가 현재의 진용을 갖추게 됐다.

건강보험의 혜택은 요양급여, 건강검진의 현물급여 및 요양비, 장애인 보조기기, 본인부담액 상한제, 임신·출산진료비의 현금급여로 대별되는데, 그 보장범위는 다른 선진국들에 비해서도 매우 폭넓고 두텁다. 매월 준조세로 납부하는 건강보험료는 세금과는 달리 그 산식이 난해하고 보험료임에도 가입자별 편차가 크다. 지역가입자는 연간 소득이 100만 원을 넘는 자를 대상으로 재산(총 60개 등급), 자동차(총 11개 등급) 및 소득(총 97개 등급)에 각각 등급별 점수를 매겨 보험료 부과점수를 산정하고, 그 부과점수의 합계에 '부과점수당 금액'을 곱해 세대 단위로 월 부과액을 계산한다. 주택이나 건물을 소유하지 않더라도 임차주택의 보증금 및 월세 금액을 기준으로 재산 범위가 책정되고, 자동차가 2대 이상인 경우 자동차별 점수가 합산된다. 소득의 경우 이자·배당·사업·기타소득은 연간소득금액의 100%가 근로·연금소득은 30%가 반영된다.

반면 직장가입자는 전년도에 신고한 보수월액으로 보험료를 부과한 후 당해연도 보수총액을 신고받아 정산하는 방식을 채택해 상대적으로 간단하다. 월 보수월액에 6.86%를 곱해 월 보험료를 산정하고 그 절반은 근로자가, 나머지는 사용자가 분담하는 방식이다. 보수를 제외한 소득이 연간 3,400만 원을 초과하는 직장가입자에게는 별도 산식에 따라 산정된 소득평가율을 반영해 소득월액 보험료가 추가된다. 건강보험료율은 보건복지부 산하 건강보험정책심의위원회가 결정하는데, 이런 과정을 거쳐 산정되는 지역가입자의 월 보험료의 하한은 1만 4,380원, 상한은 352만 3,950원이고, 직장가입자의 월 보험료의 하한은 1만 9,140원, 상한은 704만 7,900원이다.

건강보험의 광대역 혜택의 이면에는 과중한 보험료의 부담과 절차적 정당성의 문제점이 제기된다. 건강보험료는 준조세로서 재산 및 소득에 비례해 매월 부과되고 미납시에는 국세징수법이 준용돼 납부독촉 및 체납처분이라는 강제징수 절차가 적용되지만, 보험료라는 미명아래 '보험료 부과점수'와 '점수당 금액'은 시행령에 근거해 건강보험정책심의위원회에서 정하고 있어 조세법률주의를 일탈한 편법이라는 목소리가 높다. 다른 부담금과 같이 입법적 통제를 강화하기 위해 건강보험료를 미국이나 프랑스의 사회보장세(social security tax)와 같은 별도의 목적세로 포섭하는 방안도 고려해 볼 수 있다. 또한, 의료혜택은 동일함에도 보험료 최소와 최대 금액의 차이가 지역가입자는 245배, 직장가입자는 368배에 이르는 점도 보험원리와는 너무나 동떨어져 있어 시정 필요성이 크다. 건강보험의 보장성 증대를 위해 사보험과의 연계를 강화하고 일정 금액 이상 유사 보험을 가입한 자에게는 보험료를 경감하거나, 장기적으로 독일과 프랑스와 같은 사회보험을 두어 경쟁 체제를 도입하자는 주장도 일견 경청할 면이 있다. 국민건강보험공단 출범 20년이 지난 현재 시점에서 보험 정신에 투철하게 운용되면서도 실질적 조세법률주의 원칙에도 부합하는 하이브리드형 K-의료보험의 미래를 진지하게 고민할 시점이다.

03
국민연금 기금의 합리적 운용체제
(2021.04.)

　지난 9일 국민연금 기금운용위원회는 이례적으로 국내주식 보유한도의 확대 결정을 했다. 국민연금은 작년 말부터 최근까지 17조 원의 국내주식을 매각해왔는데, 국내 주식 비중 상한선을 18.8%에서 19.8%로 높인 것이다. 11조 원의 매도 예정 물량은 2.5조 원으로 감축이 전망된다. 국내 주식의 투자 비중을 축소하기로 한 국민연금의 포트폴리오 조정 방향에도 역행하는 것으로 '동학개미' 수익률을 위해 국민 전체의 노후자금 안정성을 희생했다는 비판의 목소리가 높다. 지난해 국민연금이 스튜어드십 코드를 원칙 없이 행사하고 있다는 감사원의 지적이 나온 데 이어 국민연금의 기금운용방식에 대한 불신이 다시금 도마 위에 오른 셈이다.

　우리나라 국민연금은 1987년 국민연금법이 공포되고 1988년부터 상시 근로자 10인 이상 사업장을 대상으로 최초 실시됐다. 이후 1992년에는 상시근로자 5인 이상, 1995년에는 농어촌 지역가입자, 1999년 도시 지역 가입자로 그 적용 대상을 확대함으로써 비로소 전국 국민연금 시대가 열리게 됐다. 국민연금을 관장하는 국민연금공단은 보건복지부 산하의 준정부기관으로 1987년 설립돼 연금보험료의 수취와 연금보험의 지급 및 기금운용 등을 담당하고 있다. 2020년 12월 말 기준 수급자는 약 538만 명, 가입자는 약 2,210만 명, 기금 규모는 약 833조 원을 넘어선 국민연금은 일본과 노르웨이에 이은 세계 3위의 연기금으로 머지않아 기금 1,000조 원 시대를 앞두고 있다. 국민연금은 연금보험료와 소득대체율 및 수급개시 연령의 정책 변수에 대한 국민적 합의에 기반한 것으로 본질적으로는 낸 돈을 돌려받는 저축의 성격을 띠지만, 사회보장제도의 성격을 지녀 불입금보다 급여수령액이 많은 저부담·고급여 구조이다.

연금보험료는 '기준소득 월액 상한액 524만 원, 하한액 33만 원'을 기준으로 '9%의 연금 보험료율'을 곱해 산정되는데, 사업장가입자의 경우 절반씩을 사용자와 본인이 분담하며 지역가입자의 경우 전액을 본인이 부담하게 된다. 연금급여는 노령연금, 장애연금, 유족연금, 반환일시금, 사망일시금으로 구분되는데, 그중 국민연금의 기초가 되는 급여는 10년 이상 가입한 가입자로서 65세 이상인 자에게 지급되는 노령연금이다. 노령연금은 원칙적으로 '국민연금 전체 가입자의 3년간 평균 월 소득 약 254만 원'에 '가입기간에 수령자 본인의 기준소득 월액의 평균액'을 더한 후 '지급률(가입기간 10년 기준 50%, 초과 1년마다 5% 가산)'을 곱해 산정된 금액에 '소득 대체율 40%'를 적용해 최종적으로 산출된다. 노령연금 대상자가 소득이 있다면 수급개시 연령부터 5년 동안은 소득 구간별 감액률을 적용해 차감한 금액이 지급된다. 가입자가 사망하면 배우자 또는 25세 미만의 자녀 등에게는 기본 연금액의 일부에 부양가족 연금액이 더해진 유족연금이 지급된다. 납부한 연금보험료는 그 전액에 대해 소득공제가 인정되며, 수령하는 연금 급여는 연금소득으로 과세한다.

국민연금은 불입, 운용, 지급의 3가지 단계를 거치게 되는데, 가장 중요한 과정이 '운용'이라 해도 과언이 아니다. 특히 저출산·고령화에 따라 국민연금은 2042년부터 적자로 돌아서 2057년에는 소진되는 것으로 나타나고 있어 기금운용의 수익률 제고 필요성은 절실하다. 국민연금은 별도

의 주무기관이 있지만 그 기금관리와 운용은 정부의 장관을 위원장으로
한 기금운용위원회에서 총괄해 그 관리 및 운용의 책임을 정부가 지는 사
실상 세계 유일의 연기금이다. 기금운용위원회는 국민연금의 최고의사결
정기구로서 위원장인 보건복지부 장관을 비롯해 국민연금공단 이사장과
각 부처차관 4명, 민간위원 14명 등 20명으로 구성된다. 기금운용위원회
산하에는 보건복지부 차관이 위원장인 실무평가위원회가 있는데, 투자정
책 전문위원회, 수탁자책임 전문위원회, 위험관리·성과보상 전문위원회
를 지휘하고 있다. 국민연금의 기금운용은 기금운용본부가 담당하는데,
기금운용위원회의 투자정책 결정의 틀 안에서 그 실무집행을 하고 있다.
기금운용은 기금운용본부에서 수행하는 '직접 운용(약 57.3%)'과 외부투자
기관이 담당하는 '위탁 운용(약 42.7%)'으로 구분된다. 국민연금의 덩치는
외환위기 때보다 30배 이상 커졌지만, 그때 채택한 기금 운용방식은 별다
른 변화 없이 반세기 동안 제자리이다.

국민연금의 기금운용에 대해서는 각계각층에서 독립성과 책임성 부재
및 전문성 결여의 문제점이 제기되고 있다. 우선, 국민연금은 유일무이하
게 정부가 기금운용의 의결권을 쥐고 있어 관치와 연금사회주의의 논란에
서 벗어나기 힘든 구조라는 지적이 강하다. 특히 근자에 도입한 수탁자
책임에 관한 스튜어드십 코드는 국내 주식의 투자 비율이 높은 상태에서
'소인국의 걸리버'인 국민연금의 기업경영 개입통로로 악용된다는 비판이
있다. 또한, 기금운용위원회 위원 대부분이 정부 인사나 지역의 대표자들
로서 그 전문성이 현저히 떨어진다는 주장도 타당하다.

국민연금 1,000조 원 시대를 목전에 둔 현시점에서 국민의 노후를 책
임지고 있는 국민연금 기금의 운용은 중장기 기금 운용원칙에 따라 수익
성과 안정성을 금과옥조로 삼아 전문성과 독립성을 확보하는 묘책의 창안
이 절박하다. 우선, 정부에 종속돼있는 국민연금의 지배구조 개선을 위해
가칭 '국민연금위원회'를 보건복지부에 설치해 감독 기능만을 수행하게

하고 그 산하에 기금운용위원회를 두되 위원들은 금융통화운영위원회와 같이 기금운용의 전문가들로만 구성하자는 견해의 검토 필요성이 있다. 더 나아가, 기금운용의 독립성과 전문성 강화를 위해 별도의 기금 운용공사를 설립해야 한다는 의견도 수긍할 점이 있다. 또한, 국민연금을 각각 100조 원 내지 200조 원 규모의 기금으로 나눠 기금간 경쟁을 유도하고 독립적 조직이 다양한 관점에서 투자하도록 하면 기금 전체의 위험이 분산될 것이라는 국회입법조사처의 주장도 경청할 만하다. 무소불위의 기업 옥죄기가 가능한 스튜어드십 코드도 대폭 개편하고 이를 담당하는 수탁자 책임전문위원회의 구성원도 정부가 위촉하는 방식을 폐지하는 것도 필요하다. 기금운용의 기능에 충실하도록 적절한 보상으로 우수 전문운용인력을 확보하고 자금 운용에 대한 제약을 줄여서 국부에 도움 되는 방안을 마련하는 것도 바람직하다. 국민연금기금 운용체제의 합리적 개편이야말로 가시선(可視線)상에 들어오는 국민연금의 적자와 고갈을 대비하는 것이자 청년세대의 과도한 부담을 줄이고 노년세대의 소득 안정성을 보장할 수 있는 지혜의 첩경(捷徑)이 될 것으로 생각한다.

공익법인세제와 조세정책의 좌표

(2021. 07.)

공익단체의 회계부정 논란으로 공익법인에 대한 투명성 제고의 목소리가 높다. 국회에서는 국고보조금의 정산보고서 검증의무가 있는 사업자를 연간 보조금 3억 원에서 1억 원으로 낮추고 감사보고서 제출의무가 있는 공익법인을 자산총액 10억 원에서 5억 원으로 하향하는 입법 개정안이 추진되고 있다. 공익법인에 대한 세제상 규제도 강화되고 있다. 종전에는 공익법인의 초과보유 주식에 대해서는 5년마다 지방국세청의 확인을 받으면 됐는데, 이를 매년 신고하도록 하는 의무신고제가 도입돼 올해부터 시행되고 있다. 국세청은 지난 3월부터 지방국세청마다 공익법인 전담팀을 새로 설치해 공익법인이 출연받은 재산의 사용내역, 특정법인에 대한 주식보유 여부, 이사·임직원 채용현황, 내부거래금지의무 준수 여부 등 주요 의무 이행에 대한 검증을 실시한다고 한다. 공익법인에 대한 전방위적 압박의 국면이다.

공익법인법상 공익법인은 재단법인이나 사단법인으로서 사회일반의 이익에 이바지하기 위해 학자금·장학금 또는 연구비의 보조나 지급, 학술, 자선에 관한 사업을 목적으로 하는 법인을 의미한다. 공익법인은 비영리

법인의 세제혜택에 더해 일정요건을 갖춘 경우에는 여러 혜택이 더해진다. 사회복지법인, 의료법인, 종교단체 등 '기부금대상 공익법인'에 대해서는 해당 단체에 지급하는 기부금이 법인의 손금이나 개인의 세액공제로 인정된다. '상속세 및 증여세법(상증세법)상 공익법인'에 대해서는 출연금에 대한 상속세, 증여세 면제 등의 혜택이 주어진다. '상증세법상 성실공익법인'은 추가 주식 보유도 가능하다. 공익법인에 다양한 혜택을 주는 이유는 복지 사각지대에 공익 목적을 효율적으로 달성할 수 있기 때문이다. 실무에서는 공익법인법상 공익법인인지 여부보다 상증세법상 공익법인에 해당하는지 여부가 주된 쟁점이 된다. 2020년 국세통계연보에 따르면 2019년 기준 법인세법상 지정기부금단체로 등록된 공익법인은 총 3만 9,897개로 전년도 총 3만 4,843개에 비해 15% 가량 크게 증가했고, 공익사업 목적별로 구분하면 종교 2만 876개, 학술·장학 4,875개, 사회복지 4,165개, 교육사업 1,820개, 예술문화 1,613개, 의료 1,043개 순이었다.

공익법인은 세제상 혜택만큼이나 사전·사후에 엄격한 규제를 받고 있다. 상증세법상 공익법인은 출연재산 및 기부금 사용 등에 관한 각종 의무를 부담한다. 출연재산, 매각대금 및 운용소득을 직접 공익 목적에 사용해야 하고, 내국법인의 5%(성실공익법인은 10% 또는 20%) 이상의 주식을 출연받거나 취득하지 말아야 한다. 출연자 또는 그 특수관계인이 이사 총원의 5분의 1을 초과해서도 안 되며, 특정 기업에 대한 광고 또는 특수관계인과의 부당한 내부거래를 하지 않아야 한다. 뿐만 아니라 결산서류 등 보고서 제출 의무, 장부의 작성·비치 의무, 외부회계감사 의무, 전용계좌 개설·사용 의무 등 폭넓은 납세 협력의무도 지고 있다. 이러한 의무를 이행하지 아니할 경우 증여세 또는 가산세가 부과된다. 180억 원 상당의 주식 등을 기부했다가 140억 원의 세금폭탄을 맞은 구원장학재단 사건에서 보듯이 고율의 증여세와 가산세는 공익법인의 재정적 존립을 위태롭게 하고 기부자를 심각한 곤경에 처하게 할 수 있다.

　정부의 공공서비스 역할을 대신하는 공익법인에 대한 세제지원이 중요하고, 그에 상응하는 공익법인에 대한 규제가 필요함은 부인할 수 없다. 그러나 공익법인에 대한 과도한 규제는 되려 공익사업을 위축시키는 외부불경제를 가져올 수 있다. 사건사고가 터질 때마다 추가되는 공익법인에 대한 획일적 규제는 중소공익법인에 대한 지나친 행정적 부담으로 귀결된다. 공익법인에 납세협력의무를 부과하고 이를 이행하지 아니하면 무거운 세금을 부과하는 대신 성실공익법인제도처럼 인센티브를 부여하는 등 프레임 전환을 고려할 필요가 있다.

　현행 법체계상 공익법인법, 법인세법, 상증세법 등에서 공익법인의 범위가 일치하지 않고 법령별로 규제차익이 발생하는 문제점을 개선하기 위해 공익법인법에서는 공익법인에 대한 기본적 사항만 규정하고 타 법령에서 관련 조항을 준용하게 하는 방안도 일리가 있다. 명확하지 않은 성실공익법인 등 요건과 그 위반에 대한 제재는 과도한 불의타(不意打)를 초래하므로 그 적용요건을 분명히 하고 제재의 정도도 낮출 필요가 있다. 공익법인 규제로 과중한 증여세 추징 대신 소득세 과세로 대체하거나 기부금을 소득공제 방식으로 전환해 고액 기부를 유도하자는 견해도 경청할 가치가 있다. 약 4만 개의 공익법인에 대한 획일적 규제보다는 개별 공익법인의 실상에 부합하는 차별화된 지원과 규제의 처방도 도입할 시점이다.

　미래학자 피터 드러커는 미래 사회에서는 정부 등 공공부문(제1섹터)과 기업 등 시장부문(제2섹터)의 역할이 줄어드는 반면 비영리단체 등 공익단체(제3섹터)의 중요성이 급속히 증가할 것이라고 예측하며 이를 '현대사회를 주도하는 새 성장 부문'이라고 표현했다. 공익법인이 누리는 세제상 혜택에만 주목해 지나치게 규제하는 것은 헌법상 자유민주주의 이념에도 반할 뿐더러, 빈대 잡으려다 초가삼간을 태우는 교각살우(矯角殺牛)의 우(愚)를 범할 우려가 있다. 공익법인세제에 대한 중용과 균형의 지혜를 모색할 때다.

근로장려세제의 재조명

(2021. 10.)

　최저임금 인상과 기본소득 도입에 대한 관심이 지대하다. 최근 고용노동부는 2022년 최저임금을 9,160원으로 고시했다. 2017년 최저임금 6,470원에서 5년 동안 40% 정도 인상된 금액이다. 최저임금은 대폭 상승했지만, 소득 하위층의 근로소득은 오히려 줄어든 것으로 나타났다. 최저임금 인상이 청년층과 취약 계층의 고용을 위축시킨 측면이 있고 최저임금 미만의 근로자가 바로 빈곤층으로 연결되는 것은 아니기 때문이다. 전 국민에게 매년 100만 원을 지급하는 기본소득의 도입 논의도 한창 진행 중이다. 최저생계가 가능한 실질적인 의미의 진정한 기본소득은 연 1,000만 원 정도가 되는데 전 국민에게 그 10%만을 지급하기 위한 재정부담이 올해 국방예산에 준하는 50조 원 이상이라고 하니 재원 조달의 심각성은 다언을 요하지 않는다.

　최저임금 인상과 기본소득 도입의 취지는 공감하지만, 보편적 형태의 복지보다는 빈곤층이나 일자리가 없는 계층에 대한 선별적 지원방식이 그 효과나 재원 면에서 바람직하다는 목소리가 높다. 최저임금과 기본소득의 아킬레스건이 지적되는 와중에 그 대안으로서 기존의 근로장려세제가 새

삼 주목받고 있다. 2006년에 도입된 근로장려세제는 가구 단위로 소득이 적어 생활이 어려운 근로자에게 가구원과 총급여액에 따라 산정된 장려금을 지원하는 근로 연계형 소득지원제도다. 2020년 귀속분 기준 지급 가구는 433만 가구, 지급액은 4조 5,000억 원으로 2008년 대비 지급 가구는 8.5배, 지급금액은 11.4배로 괄목상대의 성장이 있었다. 근로장려세제는 근로장려금으로 근로유인을 제공해 저소득 계층의 노동참여를 고취함과 동시에, 저소득층의 소득을 일정 수준 보장함으로써 최저임금과 기본소득의 취지가 어우러져 반영된 경제적 사회안전망이다. 근로장려금은 근로자에게는 일하고자 하는 의욕을 제고하는 한편, 기업들에게도 인건비에 대한 일종의 '매칭펀드' 효과를 가져오므로 일석이조의 효과가 있다. 근로장려금은 연 소득 2,000만 원 미만의 단독 가구, 3,000만 원 미만의 홑벌이 가구, 3,600만 원 미만의 맞벌이 가구를 대상으로 하는 총소득요건과 가구원 모두가 소유하는 재산 합계액이 2억 원을 초과하면 지급 대상에서 제외되고 1억 4,000만 원 이상일 경우 산정액의 50%만 지급되는 재산요건을 두고 있다. 근로장려금 지급액은 단독가구 연 150만 원, 홑벌이 가구 연 260만 원, 맞벌이 가구 연 300만 원을 최대치로 해 연 소득액에 따라 일정액이 차감되는 구조를 띤다.

근로장려세제는 1975년 미국의 닉슨 정부 시절 소득보장과 고용보장의 치열한 논쟁의 틈바구니에서 도입된 근로세액공제제도(Earned Income Tax Credit, EITC)에서 유래한다. 미국의 경제학자 밀턴 프리드먼의 부(−)의 소득세제(Negative Income Tax)에서 착안한 것으로, 영국·프랑스·캐나다·뉴질랜드에서도 동일한 제도를 운용하고 있다. 우리나라 역시 이를 본떠 2006년 근로장려세제를 도입해 2009년 9월 최초로 근로장려금이 지급됐고, 지급 대상 확대·혜택 증대 및 신속한 지급을 골자로 하는 법 개정이 2018년 이뤄져 소득요건 및 재산요건이 완화됐다. 지급금액도 상향됐고 6개월마다 근로장려금이 지급되는 이른바 '반기지급제도'가 시행되고 있다.

근로장려세제는 근로와 연계된 맞춤형 지원으로서 근로의욕을 고취해 열심히 일하는 저소득 가구의 버팀목이 돼 줄 뿐만 아니라, 기업에도 고용을 촉진하고 활성화할 수 있는 다목적 기능을 수행한다. 신규로 기본소득을 도입하거나 최저임금의 대폭 인상으로 복지제도 변혁을 모색해보는 것도 의미는 있지만, 그 본격적인 도입 전에 거래비용과 행정비용을 낮출 수 있는 기존의 근로장려세제가 정책 대안으로 제시될 수 있다. 다만, 근로장려세제가 소득보장과 고용보장이라는 두 마리 토끼를 잡기 위해서는 합리적 수준의 최저임금과의 조화가 필요하다. 무엇보다도 과소한 최저임금은 국가재정에 지나친 부담을 가져오기 때문이다. 경제협력개발기구(OECD)에서도 적정수준의 최저임금에 EITC가 결합한 제도가 효과적이라고 보고 있다. 200여 년 전 스핀햄랜드의 아픈 경험을 돌이키지 않기 위해서도 반드시 유념해야 할 요소다.

영국의 스핀햄랜드제도는 18세기 말 지속적인 흉작으로 인한 식량부족 및 인플레이션으로 인해 저소득층의 빈곤이 악화하자, 1795년 잉글랜드 남부 버크셔주의 치안판사들이 농촌 노동자들에 대해 구빈법의 원외 구제를 목적으로 시행했는데, 빵의 가격과 가족의 수에 따라 최저 생활기준을 선정해 저임금노동자에게 보충적으로 임금을 제공했다. 노동자들은 임금 다과에 불구하고 빈민구호제도를 통해 같은 수입을 얻으니 대충 일하기 시작했고 고용주는 임금을 과하게 낮추고 노동자들을 필요 이상으로 고용했으며 정부는 노동자 수에 따라 지원금을 지급했다. 그 과정에서 생기는 비용은 빈민 구조의 도움을 받지 않고 스스로 자립하려는 중간계급에 부과되는 상황이 연출됐다.

한편 행정적으로는 근로장려세제의 효과적 집행을 위해서 소득파악률을 보다 높이는 것이 무엇보다 중요하다. 우리나라 국세청은 본청 산하에 소득지원국을 두고 근로장려금에 대한 지원업무를 총괄하고 있고 높은 수준의 근로장려금 관리조직과 시스템을 보유하고 있기는 하지만, 근로장려세제가 소득보장과 고용보장의 중추적 역할을 수행하는 터이므로 이를 보다 보강할 필요가 있다. 세원과 재정지출의 투명성 제고는 근로장려금 지급만이 아니라 다른 사회보장제도의 수급자 선정과 사회보험료 책정에도 도움이 된다는 점에서도 그러하다. 나아가 근로장려금이 기본소득의 기능도 수행하게 되므로 유사 제도의 정비가 이뤄진다면 재정 여건이 허락하는 범위 내에서 의미 있는 금액이 지급될 수 있도록 전향적으로 검토하는 것도 필요하다. 올해로 15살을 맞이하는 근로장려세제가 저소득계층의 생활을 든든하게 지원하고 복지 사각지대를 따뜻하게 비추면서도, 자칫 그 지원 과정에서 발생할 수 있는 도덕적 해이를 방지할 수 있는 차세대 복지모델로 기능할 수 있도록 새로운 역할을 기대해본다.

▌지은이 소개

❖ 법무법인(유) 세종 백제흠 변호사

학 력
서울대학교 법과대학 (법학사, 법학석사, 법학박사)
연세대학교 경영대학원 (경영학석사)
Harvard Law School (International Tax Program)
NYU School of Law (LL.M. in Taxation)

경 력
제30회 사법시험 합격
제31회 행정고등고시 합격
육군 법무관
서울지방법원, 인천지방법원, 창원지방법원 판사
김·장 법률사무소 변호사
서울대학교, 서울시립대학교, 고려대학교 조세법 겸임교수
대한변호사협회 변호사연수원 원장
서울지방변호사회 조세연수원 원장
기획재정부 세제실 고문변호사
기획재정부 세제발전심의위원회, 국세예규심사위원회 위원
행정안전부 지방세발전위원회 위원

저 서
세법의 논점
세법의 논점 2

백제흠 변호사의 세법산책

초판발행	2022년 9월 15일
초판2쇄발행	2022년 11월 25일
지은이	백제흠
펴낸이	안종만 · 안상준
편 집	장유나
기획/마케팅	조성호
표지디자인	BEN STORY
제 작	고철민 · 조영환
펴낸곳	(주) **박영사**
	서울특별시 금천구 가산디지털2로 53, 210호(가산동, 한라시그마밸리)
	등록 1959. 3. 11. 제300-1959-1호(倫)
전 화	02)733-6771
f a x	02)736-4818
e-mail	pys@pybook.co.kr
homepage	www.pybook.co.kr
ISBN	979-11-303-4245-0 93360

정 가   15,000원